AF157224

YVONNE WAEBER

In
30 Tagen
zu mehr Lebensfreude und Leichtigkeit

Aktiviere Deine Selbstheilung und lerne wie und warum Du mit einer neuen Denk- und Handlungsweise Deine Gesundheit und Dein Leben verändern und positiv beeinflussen kannst

Ein Arbeitsbuch für die praktische Umsetzung im Alltag inklusive persönlicher Erfahrungswerte.

novum pro

Dieses Buch ist auch als
e-book
erhältlich.

www.novumverlag.com

Bibliografische Information
der Deutschen Nationalbibliothek:

Die Deutsche Nationalbibliothek
verzeichnet diese Publikation in
der Deutschen Nationalbibliografie.
Detaillierte bibliografische Daten
sind im Internet über
http://www.d-nb.de abrufbar.

Gedruckt in der Europäischen Union
auf umweltfreundlichem, chlor- und
säurefrei gebleichtem Papier.

© 2023 novum Verlag

ISBN 978-3-99131-909-2
Lektorat: Solaire Hauser
Umschlag- und Innenabbildungen:
Yvonne Waeber
Umschlaggestaltung, Layout & Satz:
novum Verlag

www.novumverlag.com

Inhaltsverzeichnis

Einleitung

Herzlich WILLKOMMEN zu 30 Tagen voller Inspiration und Erfahrungswerte, die Dein Leben verändern können.

Vor rund zehn Jahren habe ich mir zum ersten Mal gesagt, dass ich ein Buch schreiben und anderen Menschen Mut und Hoffnung schenken möchte. Das war in einer Zeit, in der man nach monatelanger Suche endlich herausgefunden hat, was der Grund für meine Energie- und Kraftlosigkeit, meine Schmerzen und plötzlichen Angstzustände sein könnte. Die Diagnose Pfeiffersches Drüsenfieber war für mich eine so große Erleichterung, dass ich umgehend einen Energieschub, und vor allem Hoffnung auf Heilung hatte.

So habe ich in der Folge auch unendlich viele Tagebücher und Kapitel für mein geplantes Buch geschrieben und sitze nun hier und präsentiere Dir etwas komplett anderes.

Würde ich meine ersten bereits geschriebenen Kapitel veröffentlichen, Dir Mut zusprechen wollen und Dir raten, immer an Dich zu glauben, so wäre das nur ein Bruchteil dessen, was ich in den letzten Jahren lernen und erfahren durfte. Zudem beinhalten meine früheren Zeilen nicht gerade viel Freudvolles, weil ich ausschließlich über meinen nie enden wollenden Leidensweg geschrieben habe.

Hinzu kommt, dass das Epstein-Barr-Virus nicht meine einzige Baustelle gewesen ist. Infolge der Entfernung meiner Gebärmutter ohne Hormonersatztherapie, der Erkrankung am Pfeifferschen Drüsenfieber gepaart mit zu wenig Erholung, gesellte sich aufgrund meiner bisherigen Leidenszeit und monatelanger Ursachenforschung an falschen Stellen auch noch eine Candidose dazu. Deshalb möchte ich das Ganze abkürzen und Dir mit meinen nachfolgenden Zeilen meine Erkenntnisse, die unter anderem dazu geführt haben, dass ich wieder in meine Kraft gekommen bin, direkt und ohne Umwege möglichst einfach weitergeben.

Rückblickend und mit dem heutigen Wissen kann ich sagen, dass ich während und nach meiner Genesung erst den absoluten Durchbruch zurück ins Leben geschafft habe, als ich erkannt habe, welch kraftvollen Einfluss die Hormone, das Nervensystem und unbeachtete Emotionen auf unsere Gesundheit haben.

Deshalb setze ich mit meinem Buch auch direkt bei diesen Themen an und zeige Dir möglichst einfach die Zusammenhänge auf und möchte Dir durch das Teilen meiner persönlichen Erfahrungen Hoffnung und Mut schenken. Ich möchte Dir zeigen, dass es sich immer lohnt, weiterzumachen und an sich zu glauben.

Du solltest aber auch wissen, dass mein Genesungsweg mich durchaus nicht immer weiter nach vorne gebracht hat – im Gegenteil, die Diagnose „Pfeiffersches Drüsenfieber" und die weiteren Herausforderungen, die es zu akzeptieren und zu stemmen gab, zwangen mich immer wieder in die Knie. Heute weiß ich, dass auch diese gemeisterten Hürden mich gestärkt und weitergebracht haben.

Bevor wir uns nun gemeinsam auf die Reise machen, möchte ich Dir doch noch ein paar Gedanken und persönliche Worte zum Inhalt des Buches mitgeben:

Weil unser Gehirn mindestens einundzwanzig Tage Zeit braucht, um neue Pfade zu bilden, alte Gewohnheiten und Denkmuster zu brechen, habe ich die nachfolgenden Kapitel in 30 Tage gegliedert. Jedes Kapitel entspricht einem Tag und kann bei konsequenter Umsetzung über einen längeren Zeitraum Deine Selbstheilungskraft unterstützen und für eine nachhaltige Veränderung in Deinem Leben sorgen.

Noch etwas ... Der Einfachheit halber werde ich Dich beim „Du" nennen und gehe davon aus, dass das so für Dich in Ordnung ist. Wenn wir uns im echten Leben einmal treffen sollten, können wir ja immer noch entscheiden, wie wir uns ansprechen möchten.

Ich mag es gerne einfach und effizient, deshalb ist das Buch so aufgebaut, dass Du jeden Tag Gelesenes praktisch ohne zusätzlichen Aufwand in Deinen Alltag integrieren und umsetzen kannst.

Vielleicht möchtest Du auch Kapitel für Kapitel durchlesen und die Themen mitnehmen, die sich für Dich stimmig anfühlen.

Die kursiv geschriebenen Zeilen in diesem Buch resultieren aus meinen persönlichen Erfahrungen und Gewohnheiten. Ich habe das Rad nicht neu erfunden, sondern habe einfach während meiner Krankheit begonnen, hinzuschauen, mich mit Persönlichkeitsentwicklung zu befassen, viele Bücher gelesen und Onlineseminare gebucht. Stück für Stück habe ich Gelerntes und Gelesenes in meinen Alltag integriert und beobachtet, was es mit mir macht. Was mir passend schien und leicht umzusetzen war, habe ich beibehalten, oder habe Zusätzliches ergänzt.

Weil ätherische Öle einen nachweislich positiven Einfluss auf unser Nervensystem haben, werde ich ergänzend zu meinen persönlichen Erfahrungen auch die Möglichkeiten der Aromatherapie in dieses Buch mit einfließen lassen.

Die ätherischen Öle haben seit dem ersten Kennenlerntag vor sechs Jahren einen festen Platz in meinem Leben und sind nicht mehr wegzudenken. Sie bereichern nicht nur mein körperliches Wohlbefinden, sondern sind vor allem rund um die mentale Gesundheit noch immer in regelmäßigem Einsatz.

Deshalb können drei von mir ausgesuchte ätherische Ölfläschlein auch Bestandteil dieses 30-Tage-Programms, welches Du in Buchform in Deinen Händen hältst, sein.

Damit Du Dich also bei Bedarf zusätzlich mit der Aromatherapie unterstützen kannst, nenne ich Dir nachfolgend die ätherischen Öle, die ich für mich aufgrund ihrer Eigenschaften ausgewählt und in meiner Genesungsphase regelmäßig angewendet habe:

Basilikum, Ocimum basilicum ct. Linalool[1]
Wildorange, Citrus sinensis
Bergamotte, Citrus bergamia
Zedernholz, Juniperus virginiana[1]
Lavendel, Lavandula angustifolia

Bitte achte darauf, dass Du keine Aromaöle aus dem Discounter verwendest, sondern wirklich reine ätherische Öle, die es im Fachhandel, oder bei seriösen Öle-Anbietern zu kaufen gibt. Du wirst im Laufe der folgenden Seiten erfahren, wann und wie Du die genannten Öle anwenden und bei Gefallen in Deinen Alltag integrieren kannst.

Der Fokus dieses Buches liegt aber vor allem darauf, Dir neue mögliche Denk- und Handlungsweisen mitzugeben, die Du in Deine Alltagsroutinen übernehmen kannst.

---

1 Sicherheitshinweis: Während der Schwangerschaft oder bei Epilepsie sollte auf dieses Öl verzichtet werden. Es gibt immer Alternativen, bitte melde Dich bei Bedarf bei einer Fachperson für Aromatherapie.

„Dein Denken und Fühlen kreiert Deinen Seinszustand."
Dr. Joe Dispenza

Je nach Tempo und Intensität der Übungen, die Du machst, wirst Du eine Veränderung feststellen. Deshalb empfehle ich vor allem gerade zu Beginn, dass Du Dir jeden Tag ein bisschen Zeit nimmst und eine Tagesaufgabe, oder einen Teil davon auch umsetzt. Denn wir wollen nicht nur Deine Energie, Gedanken und positiven **Emotionen** stärken, sondern eben auch Neues in Dein Leben bringen.

Glaube mir, als ich früher solche Sätze gelesen oder Worte gehört habe, sind gleich Gedanken hochgekommen wie: „Du hast ja keine Ahnung, wie schlecht es mir geht, wie soll ich positive Gefühle haben, wenn ich doch sowieso dies und jenes nicht haben oder machen kann" …

Wenn die Tage von lauter gefühlten negativen Emotionen, vielleicht ungeliebten Verpflichtungen oder Arbeit, gesundheitlichen Themen, Unzufriedenheit oder Trauer geprägt sind, und man wenig oder gar keine schönen Momente hat, dann fällt es einem wirklich schwer, in ein Gefühl von Liebe, Dankbarkeit und Freude zu kommen.

Weil Du aber gerade diese Zeilen liest, hast Du ja bereits den ersten Schritt getan und ich bin überzeugt, dass auch Du Deinen Fokus auf das Positive richten und in Deine Kraft kommen kannst.

Ich kann Dir auch versichern, dass es bestimmt nicht immer einfach sein wird. Denn unsere Gedankenstimme und unsere Gewohnheiten werden sich weiterhin täglich melden. Warum das so ist und wie unser Gehirn funktioniert, erfährst Du noch in den nächsten Kapiteln.

Ein weiterer Tipp, den ich Dir unbedingt mit auf Deinen Weg geben möchte:

Setze Dich nicht unter Druck, hab nicht die Erwartung, dass sich gleich ab dem zweiten Tag alles ändert ... Nimm von den vielen Möglichkeiten das heraus, was für Dich machbar ist, und von denen Du glaubst, sie zum aktuellen Zeitpunkt umsetzen, oder in Deinen Alltag integrieren zu können.

Ich sage Dir das, weil ich, wie eingangs erwähnt, immer wieder ein paar Rückschritte gemacht habe, sei es mit ähnlichen Programmen, Seminaren oder Richtungswechseln. Ich habe mir Vorwürfe gemacht, wurde unsicher und zweifelnde, kritische Emotionen nahmen wieder überhand.

Es gibt auch Übungen oder Tipps, die nicht an einem Tag abgeschlossen werden und immer wieder erweitert oder wiederholt werden sollten. Je nachdem, in welcher Situation Du Dich gerade befindest und welche Ziele Du verfolgst.

Und bitte, denke immer daran, dass es auch Platz für traurige, enttäuschte oder wütende Momente geben darf im Leben. In der heutigen Gesellschaft kann man sich schnell mal unter Druck setzen lassen, wenn „man" nicht so funktioniert wie geplant, oder gewohnt. Das finde ich sehr schade, denn ...

... Unterdrückte Emotionen sind tickende Zeitbomben ... Irgendwann können sich diese in einer anderen Form und viel heftiger zeigen als es für den Moment den Anschein macht. Also lass Deine Gefühle zu und mache sie Dir einfach bewusst.

Los geht's: Auf den nachfolgenden Seiten teile ich mit Dir die für mich wertvollsten Erkenntnisse der letzten acht Jahre und wünsche mir, dass ich auch Deinen Alltag bereichern und Deine Gesundheit und Dein Leben zum Positiven verändern kann.

Herzlichst, Yvonne

Träume, Wünsche und Ziele

DANKE, dass Du mein Buch in Deinen Händen hältst und ich Dich mit meinen Zeilen ein Stück auf Deinem Lebensweg begleiten darf.

Ich habe Dir versichert, dass die Übungen kurz, einfach und ganz leicht in den Alltag zu integrieren seien. Tja, und jetzt starten wir im ersten Kapitel bereits mit einer ersten Herausforderung.

Nachfolgender Tipp ist allerdings wichtig für die kommenden Tage, Wochen und Monate. Und ich kann Dir versichern, es bleibt der Einzige, dessen Umsetzung vorerst länger als maximal dreißig Minuten dauert.

Ich lade Dich ein, heute mit Gedanken und Notizen rund um Deine Wünsche und Träume zu starten.

Beschäftige Dich mit dem Gedanken, WARUM Du dieses Buch erworben hast. Du solltest Dir bewusst machen, WARUM Du Dir mehr Gesundheit, Lebensfreude, Energie, oder eine Veränderung wünschst. Denn wir brauchen immer ein WARUM, um uns auf den Weg zu machen. So ergibt sich nachfolgende Übung eigentlich von selbst und sollte auch nicht abschließend sein.

Notiere Dir **nicht**, ob Du etwas verändern oder anders machen möchtest. Wir möchten uns in den folgenden Kapiteln nicht auf einen gefühlten Mangel und dessen Veränderung fokussieren. Erinnere Dich an mein erstes geplantes Buchprojekt und meine

Zeilen in der Einleitung. Wir wollen destruktiven Gedanken und unerwünschten Emotionen keinen Raum geben.

Ziel dieses 30-Tage-Programmes in Buchform ist es, neue, freudige und liebevolle **Emotionen** in Dein Gehirn zu programmieren, um neue Gewohnheiten und Denkweisen in Deinen Alltag zu bringen. Wir können Erlebtes und die dazugehörigen Emotionen nicht aus unserem Gehirn löschen. Wir können unsere „Festplatte" jedoch immer und immer wieder neu programmieren. Unser Gehirn ist neuroplastisch und somit veränderbar. Deshalb ist es wichtig, dass Du Dich auf etwas Neues, Schönes fokussierst und Platz für Deine Ziele, Träume und freudvolle Gewohnheiten schaffst.

Auf diese Weise kannst Du positive **Emotionen**, die an unterschiedliche Handlungen geknüpft sind, hinzufügen. Je mehr neue, positive und freudvolle Erfahrungen, mit den entsprechend dazugehörenden **Emotionen,** Du hinzufügst, umso schneller spürst Du eine Veränderung.

Hier also Deine erste Aufgabe, mit der Du heute starten und die Du bei Bedarf die nächsten Tage und Wochen immer wieder anpassen, erweitern, oder ergänzen kannst:

Schau Dir folgende Bereiche an und notiere Dir dazu ganz genau und detailliert, wie Du diese gestalten und leben möchtest:

- Gesundheit und Beziehungen
- Beruf und Finanzen
- Persönliche Wünsche, materielle Dinge
- Und wenn Dir sonst noch etwas einfällt – nur zu!

Du kannst Deine Vorstellungen auch mit Bildern ergänzen. Eine bunte Collage dazu machen, die Du sichtbar irgendwo in Deinem Zuhause aufhängst. Lass Deiner Fantasie freien Lauf und hab Spaß dabei. Erinnere Dich, wie Du als Kind schon große Träume hattest.

Ich persönlich wünschte mir als Kind nach einem „Prinzessinnendasein" (schöne Kleider und ein großes Schloss inklusive), eine berühmte Sängerin, dann Schauspielerin bis hin zur Kinderkrankenschwester zu werden. Damals gab es keine Zweifel für mich, das Gewünschte nicht zu erreichen und ich spielte und lebte wann immer möglich in meiner Traumwelt.

Zugegeben, das klingt jetzt natürlich absolut komisch, sind wir doch „erwachsene Personen". Es ist auch nicht ganz einfach, sich heute hinzusetzen und sämtliche Zweifel, die inneren und äußeren Stimmen, wegzulegen und sich einfach eine Stunde über ein leeres Heft oder ein Stück Papier zu beugen und in eine „kindliche unbeschwerte Träumerei" zu entfliehen.

Ich möchte Dich jedoch heute ermutigen, genau das zu tun! Mach diesen ersten Schritt und versuche Dich in diese Lage zu versetzen. Lass Deinen Verstand außen vor und notiere einfach mal grob, was Du gerne haben, machen oder erreichen würdest, wenn es keine Grenzen gäbe. Und wenn Du Dir vorab ein hübsches leeres Heft kaufen möchtest, dann tu das. Nimm Dir aber heute zumindest die Zeit, über die genannten Bereiche nachzudenken und schwelge in Deinen Träumen. Versuche einfach, nicht an das scheinbar Unmögliche zu denken, denn bei dieser Übung gibt es kein „Nicht möglich".

Wenn Du zum Beispiel im Lotto gewinnen möchtest – was wir wahrscheinlich alle gerne tun würden –, dann schreibe Dir auf, wann und wie viel Geld Du gewinnen möchtest. Und ganz WICHTIG dabei ist: **WARUM** möchtest Du einen Lottogewinn über XY haben? Was möchtest Du mit diesem Gewinn machen? Wen möchtest Du daran teilhaben lassen. Wenn Du denn so dasitzt und Dir darüber Gedanken machst, garantiere ich Dir, dass bereits eine kleine Freude spürbar sein wird. Diese Freude erzeugt in der Folge logischerweise auch eine angenehme Emotion ... Ich gehe im Laufe der folgenden Seiten noch darauf ein und erkläre Dir, warum diese Emotionen so wertvoll sind.

Fahre mit jedem der ausgesuchten Bereiche so fort. Werde Dir bewusst, **WARUM** Du Dir mehr Gesundheit, Lebensfreude oder Leichtigkeit wünschst. Vielleicht möchtest Du Dich beruflich verändern? Nach dem Warum folgt immer auch das „Weil ich dann …" usw. Mit dieser Herangehensweise sollte es Dir leichter fallen, zu träumen und freudige Gefühle zu entfachen.

> *„Das Geheimnis von Veränderung besteht darin,*
> *Deine ganze Energie darauf zu konzentrieren,*
> *Neues aufzubauen, statt Altes zu bekämpfen."*
> *Sokrates*

Du kannst Deine Notizen auch über die nächsten Tage verteilen, oder immer, wenn Dir danach ist, Dein Wunschbuch, Dein Visionsboard erweitern, ändern oder mit neuen Zielen bestücken.

Nach jedem Tagestipp möchte ich Dir auch meine persönliche Erfahrung mit der Anwendung der genannten Übungen mit auf den Weg geben.

Ich habe mir damals vier kleine Notizhefte geholt und diese mit folgenden Titeln versehen:

- *Gesundheit und Körper*
- *Beziehungen und persönliche Wünsche*
- *Karriere, Arbeit und Geld*
- *Materielle Dinge*

Die größte Herausforderung lag für mich persönlich darin, dass ich außer den Zielen rund um meine Gesundheit, meinen Körper und Familie eigentlich gar keine anderen mehr hatte … Das war mir bis dahin gar nicht bewusst … Irgendwie hat mich der Alltag und mein Gesundheitszustand so eingebunden, dass ich mir gar nie mehr Gedanken gemacht habe, warum ich etwas tue oder tun möchte. Diese

Erkenntnis hat mich dann zuerst einmal erschrocken. Ich habe einen lieben Ehemann, zwei großartige Söhne, ein Eigenheim mit tollen Nachbarn ... Ein eigenes Geschäft und bis zu meiner Erkrankung einen Job, der mich erfüllt hat.

Das einzige Ziel zum damaligen Zeitpunkt stand, abgesehen vom Wieder-gesund-werden, in direktem Zusammenhang mit der Angst, ob wir uns gewisse materielle Dinge noch würden leisten können, weil ich nicht mehr arbeiten und kein Einkommen generieren konnte.

Es fiel mir einfach sehr schwer, zu wissen, **warum** ich überhaupt etwas wollte. Umso schwieriger war dann auch die Frage, **was** ich eigentlich wollte und was mir abgesehen von einem regelmäßigen Einkommen wichtig ist. Beim genaueren Überlegen kamen dann auch Fragen auf wie: „Will ich meine bisherige berufliche Tätigkeit weiterhin in diesem Umfeld ausüben, genauso, oder gibt es andere Dinge, die mich schon immer interessiert haben, oder könnte es besser, anders sein ...?"

Deshalb habe ich selbstverständlich Tage – um ehrlich zu sein sogar Wochen – gebraucht, um meine kleinen Hefte so zu füllen, dass es für mich stimmig wurde. Ich habe immer wieder ein bisschen geträumt und mich mit mir auseinandergesetzt und selbstverständlich auch Pausen eingelegt. Damit ich nicht ins Grübeln komme und im Gedankenkino versinke, musste ich mich immer wieder ablenken ... Ist ja klar, sonst hat diese Übung keinen spürbar positiven Effekt ...

So habe ich während des Stillstandes die Zeit genutzt, um eine „Visionsleine" zu machen. Anstelle eines Visionsboards habe ich eine schöne dicke Schnur an die Wand im Schlafzimmer gehängt und sie mit meinen Träumen, Wünschen und Zielen, die ich bereits kannte, und mithilfe von gezeichneten und ausgedruckten Bildern sowie mit meinen Notizen bestückt. Okay, ein bisschen Glitzer gehörte natürlich auch immer dazu ... Diese Leine habe ich in unserem Schlafzimmer platziert, weil ich zu diesem Zeitpunkt noch die meiste Zeit im Bett verbracht und so meine Träume stets vor Augen gehabt habe.

Und weißt Du was? Immer wenn ich wieder etwas Neues aufgehängt habe, habe ich mich besser gefühlt und hatte ein Lächeln im Gesicht. Zum einen, weil ich schon mal wusste, was ich möchte, und zum anderen, weil ich bereit war, voller Vorfreude den Weg zu meinem neuen Ziel anzutreten.

Selbstverständlich nehme ich manchmal auch Umwege und ändere die Richtung auf dem Weg zum Ziel. Das Ganze ist ein Prozess ... Und das ist eigentlich auch klar, weil Du, wenn Du Dein WARUM und Ziel kennst, noch gar nicht wissen kannst und auch nicht wissen musst, wie und ob Du Dein definiertes Ziel erreichen wirst.

Die meiner Meinung nach wichtigste Zutat für diese Übung ist **MUT** – Mut, sich Zeit mit sich zu nehmen, Mut, groß zu träumen und sich zeitweise wieder wie ein Kind zu fühlen. Den Mut zu haben, sich in seinem gewohnten Alltag einfach hinzusetzen und in Gedanken Wünsche zu äußern, was und wie Du etwas haben oder machen möchtest.

Und eins kann ich dir sagen: Es fällt mir heute noch nicht leicht, mir die Zeit für mich und meine Träume zu nehmen, oder eben groß zu träumen. Deshalb freue ich mich sehr, dass ich mit meinen Visionen gemeinsam mit Dir den Weg zu meinen persönlichen Zielen weitergehen darf.

Übrigens: Meine Visionsleine habe ich vor vier Jahren durch eine schöne Holzleiter ersetzt, die auch in meinem Schlafzimmer gestanden hat und regelmäßig neu bestückt worden ist.

Weil wir aber im letzten Jahr unser Schlafzimmer renoviert und uns von Altem getrennt haben und ich wieder gemäß meinen Vorstellungen berufstätig bin, ist mein Arbeitsplatz mit bunten Bildern und Notizen umgeben und erinnert mich täglich an meine Träume, Ziele und Visionen.

Und alle (Zwischen-)Ziele und Wünsche, die ich bereits erreicht habe oder die in Erfüllung gegangen sind, werden in einer schönen ver- schlossenen Schachtel aufgehoben. Dann und wann nehme ich sie vom Regal und schaue mir den Inhalt an ... Es ist einfach immer wieder schön zu sehen, wo ich stehe, was ich erreicht habe und wo ich noch hin möchte. Und manchmal ersetze ich, wie gerade dieser Tage, mei- ne geplanten Ziele auch durch neue, oder nehme wie bereits erwähnt einen ungeplanten Umweg ...

Ich wünsche Dir heute, die kommenden Tage und Wochen ganz viel Freude mit Deinen Träumen, Gedanken und Zielen. Nimm die Buntstifte, Kleber, Schere und Papier zur Hand und öffne neue Türen für mehr Lebensfreude und Leichtigkeit.

Notiere Dir gerne erste Gedanken zu diesem Kapitel:

Liebe und Dankbarkeit

Wie ist es Dir ergangen? Hast Du Dir ein paar Minuten Zeit genommen und Dir ein paar Wünsche, Träume, oder gar Ziele notiert? Oder hast Du die ganze Übung auf einen anderen Zeitpunkt verschoben, weil Dir Dein **WARUM** gefehlt hat?

Dann beginne heute noch einmal mit der Frage, **warum** Du Dir dieses Buch gekauft hast und **warum** Du Dir mehr Lebensfreude wünschst. Warum möchtest Du etwas ändern? Wenn Du diese Antwort gefunden hast, fällt es Dir bestimmt leichter, Dir Deine Träume und Ziele vorzustellen, sie zu gestalten und festzuhalten.

Damit Du einfacher in eine positive, liebevolle und freudige Energie kommst, beginnen wir heute mit einer kleinen Übung, die Du jeden Abend durchführen solltest:

Zuerst suche einen Gegenstand, ein Schmuckstück, einen kleinen schönen Stein, oder sonst etwas für Dich Wertvolles, das gut sichtbar auf Deinen Nachttisch und in Deine Hand passt. Wichtig ist einfach, dass der Gegenstand dort liegt, wo Du ihn abends auch sehen kannst.

Nimm nun jeden Abend vor dem Zubettgehen Deinen Gegenstand in die Hand und halte ihn fest, während Du an den schönsten Moment des Tages zurückdenkst. Was hat Dein Herz berührt, was/wer hat Dich zum Lachen gebracht? Vielleicht wurdest Du heute auch in irgendeiner Form überrascht? Bedanke Dich von ganzem Herzen für diesen allerschönsten Moment des Tages und spüre die Freude und Dankbarkeit in Dir! Lege Deinen Gegenstand zurück an seinen Platz und lege Dich schlafen.

Der positive Effekt dieser kurzen und einfachen Übung ist, dass Du Deinen Tag noch einmal in Gedanken durchgehst und Dir auffallen wird, dass Du viele schöne Momente erleben durftest. Zudem wirst Du Dich anschließend mit einem Lächeln im Gesicht und von Liebe umhüllt in Deine Kissen legen und bist vor dem Einschlafen von einer positiven Energie umgeben.

Ich wünsche Dir viel Freude und gutes Gelingen mit Deinem vielleicht ersten „Gute-Nacht-Ritual"!

Ich habe mir damals, wie im Arbeitsbuch gelesen, einen kleinen schönen Stein ausgesucht und diesen neben meinen Wecker gelegt. Und ich nehme ihn wirklich jeden Abend in die Hand, gehe meinen Tag noch einmal in Gedanken durch und bedanke mich von ganzem Herzen für den schönsten Moment des Tages. Für mich ist dieses Ritual vor allem sehr wertvoll, wenn mein Gedankenkino noch aktiv ist, oder ich über etwas betrübt bin. Wenn ich dann den Stein in meine Hand nehme und den Tag noch einmal gedanklich erlebe, gibt es eigentlich selten bis nie nur ein schönes Ereignis, welches abends bereits in den Hintergrund gerückt ist, und das macht mich in diesem Moment unglaublich dankbar und glücklich!

Verschenke Freude und Dankbarkeit

Hast Du einen Gegenstand für Dich ausgesucht und Dich dankbar und glücklich in Deine Kissen gekuschelt?

Wir wollen das Gefühl der Dankbarkeit und Freude noch weiter stärken und deshalb empfehle ich Dir heute, Dankbarkeit und Freude mit einer anderen Person zu teilen.

Wir alle haben in unserem Leben schon Menschen kennengelernt, die uns auf unserem Weg in irgendeiner Form unterstützt, geprägt oder begleitet haben. Das kann ein/e Lehrer/in, Arbeitskollege/in, Vorgesetze/r, Eltern, Großeltern, oder ein/e Nachbar/in, Freund/in sein. Die erste Person, die Dir jetzt einfällt, wird bestimmt die richtige sein.

Ich bitte Dich heute, mindestens eine Person auszusuchen und Dich bei dieser Person ganz spontan zu bedanken. Schreib ihr einen Brief, oder rufe sie an. Zeig ihr, dass Du an sie denkst, und lass sie Deine Dankbarkeit spüren.

Ich bin sicher, Deine ausgewählte Person wird sich sehr über die spontane Kontaktaufnahme in Form von persönlichen Zeilen oder Worten freuen. Geteilte Freude ist doppelte Freude.

Sei mutig und lass Dich überraschen! Viel Spaß!

Und wenn Dir aktuell die Zeit fehlt für eine Kontaktaufnahme oder das Schreiben eines Briefes, notiere Dir hier die Namen der Personen, die Dir gerade in den Sinn kommen:

_____

_____

_____

_____

_____

_____

_____

_____

_____

_____

_____

_____

_____

Bitte nicht vergessen: Nimm abends Deinen Gegenstand in die Hand und bedanke Dich für den schönsten Moment des Tages.

Diese „Übung" mache ich immer mal wieder. Das kann zum Beispiel ein Brief sein, den ich an meine Großeltern schreibe, um mich bei ihnen zu bedanken, auch wenn sie schon verstorben sind. Ein spontaner Anruf bei meinem inzwischen pensionierten Lehrmeister, der immer für mich da war. Oder eine Nachricht an eine Freundin, die ich schon lange nicht mehr gesehen habe und die in herausfordernden Zeiten immer für mich da war. Es sind immer schöne, freudige und berührende Begegnungen und Momente des Glücks.

Ich habe auch schon Menschen angeschrieben, die ich gar nicht persönlich kenne und habe mich bei ihnen für ihre Arbeit und Inspiration bedankt. Das ist für mich auch ein Akt der Wertschätzung, weil ich sehr dankbar bin, dass Menschen ihr Wissen und ihre Zeit oftmals sogar kostenlos zur Verfügung stellen. Es ist doch nicht selbstverständlich, dass ich mich je nach Thema und Bedarf informieren, Newsletter abonnieren oder interessante Vorträge auf YouTube schauen kann.

Dankbarkeit am Morgen

Ich hoffe, Du hattest gestern einen tollen Tag und eine schöne Begegnung, oder warst voller Liebe und Freude beim Verfassen Deines Briefes an eine liebe Person, der Du wieder einmal DAN-KE sagen wolltest!

Heute bitte ich Dich, wenn Dir die Aromatherapie zusagt, oder Du offen für Neues bist, das ätherische Öl Basilikum, das Öl der Erneuerung, in Dein Bad zu stellen und eine kurze Morgenroutine einzubauen.

Ich empfehle Dir, ein paar Tropfen des reinen ätherischen Öls in ein kleines 2-ml-Fläschlein abzufüllen, für eine einfache Dosierung.

Nimm das kleine Ölfläschlein und gib einen Tropfen in Deine geöffnete Hand. Reibe Deine Hände aneinander, bilde einen Trichter vor Deiner Nase und nimm ein paar tiefe Atemzüge. Bedanke Dich für den neuen Tag und die damit verbundenen Möglichkeiten.

Fühle, wie Du mit jedem Tag mehr und mehr in Deine Kraft kommst. Denke an Dein WARUM und an Deine Ziele. Mit dem Einatmen des ätherischen Öls kannst Du Dich zusätzlich dabei unterstützen, mit Freude und Energie in den Tag zu starten. Zudem wirken die ätherischen Öle direkt im limbischen System, wo Deine Erlebnisse und Emotionen gespeichert werden.

Nach ein paar tiefen Atemzügen streiche Dir mit Deinen Händen noch über den Nacken und wasche sie anschließend mit Seife, damit Du nicht versehentlich in Deine Augen fasst. Ätherische Öle sollten niemals direkt in den Augen, Ohren oder Nase angewendet werden.

Ich wünsche Dir einen kraftvollen Start in den vierten Tag und bitte Dich, ab heute Deinen Medienkonsum auf das für Dich mögliche Minimum zu reduzieren. Bedenke, dass all die negativen Schlagzeilen kaum gute Gefühle auslösen und uns belasten können. Deshalb, wenn immer möglich: Weniger ist mehr. Verbringe Zeit mit Dingen, die Dir Spaß machen.

Die Aromatherapie begleitet mich täglich. So starte ich auch jeden Morgen mit mindestens einem ätherischen Öl. Der Duft variiert je nach Befinden und Situation. Um mich zu Beginn immer an meine Handinhalation und an das Auftragen in meinen Nacken zu erinnern, stand das Fläschlein neben meiner Zahnbürste. Selbstverständlich war es die ersten Tage auch dann möglich, dass ich dieses neue Ritual vergessen habe. Neue Gewohnheiten brauchen ihre Zeit. Sei rücksichtsvoll und lieb zu Dir und setz Dich nicht unter Druck! Du wirst merken, dass der Tag kommt, an dem eine liebgewonnene neue Gewohnheit einfach automatisch in Deinen Alltag integriert wird.

Seit rund sechs Jahren schaue ich KEINE Nachrichten mehr. Überhaupt habe ich meinen Fernsehkonsum seit etwa drei Jahren noch einmal stark reduziert. Dafür höre ich Podcasts und Spotify und auf Facebook habe ich Seiten abonniert, die mich inspirieren.

Entrümpeln und Loslassen

Bevor ich zum heutigen Tipp und zum Thema „Entrümpeln und Loslassen" komme, möchte ich Dir noch ein paar wenige Informationen zum ätherischen Basilikum-Öl weitergeben:

Basilikum – Ocimum basilicum ct. Linalool – ist ein dezentes, aber durchaus kraftvolles Öl, welches nicht bei Epilepsie oder in der Schwangerschaft verwendet werden sollte. Aromatisch aufgenommen kann das ätherische Basilikum-Öl in folgenden Bereichen unterstützend eingesetzt werden:

* Erneuerung der körperlichen Kraft
* Stärkend für einen müden Körper und Geist
* Bei Stress und Überforderung
* Verbindung zum Herzen

Zudem ist das Öl des Basilikums gut dazu geeignet, alte Gewohnheiten zu brechen und Neues in seinem Leben zu integrieren. Passt doch ausgezeichnet ...

So kommen wir zur heutigen Tagesaufgabe und meinen Gedanken dazu:

Damit Du Neues in Dein Leben integrieren kannst, tust Du Dir Gutes, wenn Du Dich auch von Altem trennst. Deshalb beginne heute mit einer „Entrümpelungs-Aktion".

Ich habe in einem Buch von Pascal Voggenhuber bei genau dieser Übung gelesen, dass wir unser Zuhause mit unserem Körper vergleichen können. Nach näherem Überlegen und erneutem Lesen verstand ich, was er damit meinte.

Im Keller sind unsere Wurzeln. Stabilität – tja – hat was – Ich möchte jetzt nicht im Detail erzählen, was ich alles in unserem Keller gestapelt hatte. Natürlich ganz viele Dinge, die ich nicht mehr um mich haben wollte, oder für die ich keine Verwendung mehr hatte und von denen ich mich trotzdem nicht trennen konnte.

Dann das Wohnzimmer ... das Herzstück eines Hauses, oder einer Wohnung. Im Wohnzimmer trifft sich in der Regel die ganze Familie, es lädt zum Verweilen ein, dazu, Zeit mit Gästen zu verbringen, oder den Tag ausklingen zu lassen. Ist Dein Wohnzimmer einladend hergerichtet? Oder dienen die Esszimmerstühle als Garderobe, der Esstisch als Ablagefläche für die Post und andere Utensilien, die noch an ihren Platz gebracht werden sollten?

Kommen wir zum Schlafzimmer. Hast Du dort ein Bügelbrett, Wäsche, die sich stapelt und sonst noch Dinge, die gerade nirgends einen Platz finden? Eigentlich sollte das Schlafzimmer doch eine Wohlfühloase sein.

Wie sieht es in Deinem Kleiderschrank aus? Gibt es Kleider, Accessoires oder Schuhe, die Du schon lange nicht mehr getragen hast, weil sie Dir nicht mehr passen oder nicht mehr gefallen und Du sie dennoch nicht weggeben möchtest?

Gehen wir weiter in die Küche. Der Kühlschrank, die Gewürze, oder das Regal mit den Tupperware-Schüsseln und anderen Behältern? Die berühmte Küchenschublade mit Zetteln, Schnur, Gummi, Stiften etc. Wer einen Dachboden hat, kann sich denken, dass Pascal Voggenhuber in seinem Buch diesen mit dem Kopf, den Gedanken des Menschen verglichen hat.

Vielleicht hast Du auch ein Zimmer, das als eine Art Abstellkammer dient und das Du schon lange schön herrichten wolltest. Eine Garage oder Werkstatt, die mit vielen Materialien nebst Schrauben, Nägeln und anderen Werkzeugen bestückt ist, die man irgendwann und irgendwo wieder verwenden könnte. Ich bin überzeugt, dass jeder irgendwo irgendetwas finden wird, das er schon lange sortieren, ausräumen oder auch entsorgen wollte.

Ich möchte Dich heute ermuntern, an einem Ort in Deinem Zuhause zu beginnen. Du musst jetzt nicht einen Frühjahrsputz durchführen. Beginne doch ganz einfach mit einer Kommode oder dem Kühlschrank, Deinem Gewürzregal, oder eben dort, wo Du Handlungsbedarf siehst. Vielleicht möchtest Du auch einfach die PET-Flaschen, Kartons, Dosen oder Papier aus Deinem Keller entsorgen. Egal wo Du heute Ordnung schaffst, es wird Dich am Ende fröhlich stimmen und befreien. Solltest Du keine Zeit finden, oder gar nichts zum Aussortieren haben, dann ordne doch zumindest den Inhalt Deiner Küchenschublade, oder Deine Bilder und Daten auf Deinem Handy.

Wenn Du Gegenstände, Möbelstücke, Spielzeug oder Kleider und Accessoires hast, die Du nicht mehr brauchst, dann spende oder verschenke sie. Nicht nur Spielzeug oder Kinderkleider kannst Du an Familien weitergeben, die nicht die nötigen Mittel zur Verfügung haben. So kannst Du nicht nur der beschenkten Person oder Familie Freude bereiten, sondern vor allem Dir. Es ist einfach wunderbar, in eine dankbare und freudige Energie eingehüllt zu werden.

Nach einem Fehlkauf, oder wenn ein Möbelstück nicht mehr dienlich ist, stelle ich es bei uns an den Straßenrand, oder mittels Kleinanzeige in die sozialen Medien mit dem Hinweis „zu verschenken" und freue mich immer riesig, wenn die Personen sich dann bedanken und sich über Neues freuen!

Die wöchentliche Entsorgungstour ist bei mir ein fester Bestandteil meines Wochenprogramms. Wenn ich mir ein neues Kleidungsstück leisten möchte, gehe ich meistens zuerst durch meinen Schrank und meine Kommode und schaue, ob ich das, was ich noch habe, überhaupt noch anziehe. Es kommt immer wieder vor, dass ich dann auf einen Neukauf verzichte, weil ich plötzlich einen Pulli oder eine Bluse wieder schön finde, die ich schon eine Weile nicht mehr getragen habe. Von denen ich ehrlich gesagt manchmal auch nicht einmal wusste, dass ich sie besitze. Oder ich versuche eine neue Kombination, die ich so noch gar nicht getragen habe. Was mir nicht mehr passt oder was ich schon über ein oder zwei Jahre nicht mehr angezogen habe, verschenke ich, oder bringe es in einen Secondhandladen, dessen Erlös für einen guten Zweck bestimmt ist.

Nach jeder Aufräum-Aktion fühle ich mich befreit und freue mich auf alles Neue, das jetzt wieder in irgendeiner Form Platz in meinem Leben hat.

Ich bin überzeugt, dass wir Altes loslassen müssen, um Platz für Neues zu schaffen. Und das gilt nicht nur für Gegenstände, Kleider und Accessoires. Auch gedanklich tut es gut, wenn wir uns von Altem, negativen Gefühlen, Glaubenssätzen, die uns nicht mehr dienen, oder die uns an eine eher schwere Zeit erinnern, trennen. Wenn wir weiterhin mit unserem Tun und unseren Gedanken an Unerfreulichem, an Geschehnissen oder Symptomen festhalten und uns immer wieder daran erinnern, behalten wir genau diese Anteile in unserem Kopf. Wir verlieren an Energie und verschließen uns vor dem Schönen im Leben.

Wir können unsere Emotionen, Gedanken und Erlebnisse nicht einfach entsorgen, aber wir können Raum für Neues schaffen, indem wir nicht nur unser Gehirn mit positiven, freudigen, liebevollen Emotionen und Erlebnissen füllen, sondern uns auch physisch auf Neues vorbereiten.

DAS IST LOSLASSEN – Wir fokussieren uns auf NEUES und SCHÖ-NES und geben Vergangenem, oder allem, was wir nicht mehr wollen oder was nicht mehr zu uns gehört, weniger Raum. Mehr zu diesem Thema findest Du in den folgenden Kapiteln dieses Buches.

Notiere Dir, wo Du Handlungsbedarf siehst:

Wildorangenöl, das Öl der Fülle

Hast Du das Basilikum-Öl auch heute in Deine Morgenroutine eingebaut und Dich gestern glücklich und dankbar in Dein Bett gekuschelt, während Du über die schönen Momente des vergangenen Tages nachgedacht und Dich bedankt hast?

Wie erging es Dir beim Aussortieren der Küchenschublade, oder beim Ordnen Deiner Bilder auf dem Handy? Vielleicht hattest Du aber auch überhaupt keine Lust auf eine „Entrümpelungs-Aktion", weil Du einfach zu viel um die Ohren hast und dieser Input zur falschen Zeit gekommen ist?

Als ich diese Übung im Workshop „Enjoy this Life" von Pascal Voggenhuber zum ersten Mal durchführen sollte, war ich zuerst ziemlich nachdenklich und habe mich auch ein Stück weit „angegriffen" gefühlt. Schließlich halte ich doch immer Ordnung in meinem Zuhause und ein Keller ist ja dazu da, um Gegenstände, die ich vorerst zwischenlagern möchte, hinzustellen. Ich habe völlig außer Acht gelassen, dass eigentlich das Sprichwort „Aus den Augen, aus dem Sinn" viel Wahres an sich hat. Deshalb habe ich beschlossen, doch einmal nachzuschauen, was sich denn so alles im Keller, in unseren Schränken, Kommoden etc. befindet. Die letzten Jahre habe ich mich tatsächlich kaum um die unteren Räume gekümmert. Nebst Job, Haushalt, Familie und Krankheit habe ich den Keller und gewisse Schränke mit deren Inhalt nie auf meine Prioritätenliste gesetzt.

So habe ich dann am Folgetag tatsächlich mit meiner Küchenschublade begonnen und mich langsam an diese Aufgabe der „Entrümpelung" herangetastet. Als Nächstes war der Einbauschrank im Flur dran. An die oberen Regale komme ich ja gar nicht ohne Leiter. Was ich dort so entdeckt habe ... Ich wusste nicht einmal mehr, was wir dort so liegen haben ... Wie gesagt, ich komme ja ohne Stuhl oder Leiter gar nicht an die oberen Regale ... Weiter ging es über die nächsten Tage und Wochen mit der Kommode mit Modeschmuck, meinen Accessoires etc. Tja, und im Anschluss widmete ich die Zeit, in der ich mich kräftig genug fühlte, dem Schrank mit meinen früheren Arbeitskleidern. Diese habe ich fast alle in den Secondhandladen gebracht. Ich erinnere mich noch so gut an das strahlende Gesicht der Dame. Sie konnte es kaum glauben, dass ich zwei große Boxen mit meinen Anzügen, Blusen und diversem Schmuck einfach so spenden wollte. Ich war so happy und lächelte während der ganzen Heimfahrt vor mich hin. Ich hatte anschließend tagelang viel mehr Energie. Es fühlte sich tatsächlich wie eine Befreiung an. Zumal ich damals bereits ahnte, dass ich meinen Job kündigen würde und tief in meinem Inneren wusste, dass ich diese Kleidung kaum mehr tragen und wohl nicht mehr brauchen werde. Motiviert nahm ich mir zeitnah auch den Keller vor. Das habe ich lange vor mich hingeschoben, weil es einfach eine Herausforderung und nicht wenig Arbeit war. Aber Stück für Stück, immer meinem Gesundheitszustand angepasst und über Wochen verteilt, habe ich auch das geschafft. Ich muss Dir nicht erzählen, was seit dieser „Aktion" so alles NEUES in mein Leben gekommen ist ...

Ich möchte Dich einladen, Dir eine Pause zu gönnen. Nimm dazu gerne ein Fläschlein mit dem ätherischen Öl der Wildorange, Citrus sinensis, und gib einen Tropfen auf Deine innere Handfläche, den Du anschließend mit der anderen Hand verreibst, um Dir eine Handinhalation zu gönnen.

Wenn Dir der Duft zusagt, empfehle ich Dir, täglich zwei bis drei Mal so eine Atempause in Deinen Tagesablauf zu integrieren und ein paar tiefe Atemzüge aus Deinen Händen mit einem Tropfen des ätherischen Wildorangenöls zu nehmen.

Die Wildorange gilt als das Öl der Fülle und des Reichtums. Auf der emotionalen Ebene kann Dich die Orange unter anderem dabei unterstützen, Dich für Wohlstand und Überfluss zu öffnen.

Weitere Eigenschaften des ätherischen Wildorangenöls:

- Fördert Kreativität
- Hebt die Stimmung
- Hilft, Mangelbewusstsein loszulassen
- Angstlösend und ausgleichend

Reine ätherische Öle sind fett- und nicht wasserlöslich. Deshalb kannst Du Dir auch einen Tropfen eines reinen ätherischen Öls auf Deinen Schal geben und über Stunden von diesem erfrischenden Duft profitieren, ohne dass es Fettflecken auf dem Kleidungsstück hinterlässt.

Okay ... Die Wildorange mit ihrer orangenen Farbe ist dazu nicht unbedingt geeignet, vor allem nicht auf hellen Kleidungsstücken.

Das ätherische Orangenöl ist eines meiner Lieblingsöle. Es stimmt mich heiter, hilft mir bei Stimmungsschwankungen und hat eine ausgleichende, energiespendende oder beruhigende Wirkung. Je nachdem, ob ich es morgens, mittags oder abends anwende. Eine kurze Atempause mit diesem oder einem anderen ätherischen Öl bewirkt bei mir ähnliches wie eine Meditation von zwanzig Minuten. Eine einfache und effektive Methode für einen kurzen Ausbruch aus dem Alltag, oder um Zeit mit mir zu verbringen.

Düfte und das limbische System

Weil ich im letzten Abschnitt des sechsten Tages über die einfache und effektive Methode einer Handinhalation mit einem ätherischen Öl gesprochen habe, möchte ich Dir heute ein bisschen über das limbische System und dessen Bedeutung im Zusammenhang mit unseren Emotionen berichten. Mit Düften können wir nämlich direkt über das limbische System Einfluss auf unsere Gesundheit und unser Wohlbefinden nehmen.

Das limbische System habe ich am vierten Tag bereits kaum merklich im Zusammenhang mit Erinnerungen und Emotionen erwähnt.

Die Wissenschaft weiß, dass neue Gewohnheiten beim Menschen nach einundzwanzig Tagen einigermaßen sitzen können. Selbstverständlich kann es auch länger dauern und neue Abläufe sollten auch nach dreißig Tagen immer und immer wieder wiederholt werden, bis sie zur Routine übergegangen sind. Ansonsten können wir die neuen Erlebnisse und deren Emotionen nicht in unserem Gehirn speichern und neue Pfade bilden.

Ein kurzes Beispiel von meiner Seite: Mein Arbeitsplatz wechselte nach sechs Jahren vom Zentrum unserer Nachbarsstadt in ein neues Gebäude außerhalb dieses Ortes.

Du kannst Dir nicht vorstellen, an wie vielen Tagen ich einfach ab der Ausfahrt der Schnellstraße direkt geradeaus weitergefahren bin, anstatt auf besagter Schnellstraße schon in eine andere

Richtung abzubiegen. Tja ... Immer wieder dauerte mein Arbeits-weg anstelle von fünf Minuten bis zu fünfzehn Minuten ... Viel-leicht erkennst Du Dich und Deine Gewohnheiten in einer ähnlichen Situation wieder?

Wenn unser bevorzugtes Lebensmittelgeschäft die Regale um-stellt und das Sortiment neu eingeräumt wird: Wie lange werden wir wohl für unseren gewohnten Einkauf brauchen? Siehst Du, so ist es auch mit den Abläufen und Gewohnheiten in unserem Leben. Unser Gehirn ruft ab, was es schon kennt.

Warum ich in diesem Arbeitsbuch ätherische Öle miteinbeziehe und warum die Aromatherapie zur Aktivierung der Selbstheil-ungskräfte, für Veränderungen, oder grundsätzlich für das emo-tionale Wohlbefinden unterstützend eingesetzt werden kann, möchte ich Dir mit nachfolgenden Zeilen aufzeigen:

Im Großhirn sitzt das Riechhirn, der Paläocortex, der den größ-ten Raum des Hippocampus einnimmt. Deshalb ist er für die Aromatherapie auch von großer Bedeutung. Zudem ist der **Pa-läocortex** zuständig für die **olfaktorische Wahrnehmung**, damit Geruchsinformationen im Gegensatz zu anderen Sinnes-eindrücken direkt zur Hirnrinde gelangen und eine Signalum-schaltung im Thalamus entfällt.

Ein einfaches praktisches Beispiel, damit Du Dir vorstellen kannst, was damit gemeint ist: Was passiert, wenn Du in eine dunkle Höhle gehst, kaum etwas siehst und es gruselig und un-angenehm riecht ...? Du gehst wohl kaum mit freudvoller Er-wartung den Weg weiter ... Du wirst zögern, bist unsicher und verlierst an Energie.

Was passiert nun, wenn Du in eine dunkle Höhle gehst, Du kaum etwas siehst und es kommt Dir der Duft Deines Lieb-lingsessens entgegen? Ein Lächeln wird sich auf Deinem Gesicht ausbreiten, Du nimmst zwei, drei weitere Atemzüge und gehst wahrscheinlich motiviert, voller Vorfreude und mit einem positiven Gefühl kraftvoll den Weg weiter.

Du kannst nun bestimmt erahnen, welche Wirkung die aromatische Aufnahme eines für Dich angenehm riechenden ätherischen Öls, das direkt ins limbische System gelangt, haben kann.

Das limbische System, welches einen Teil unseres Gehirns einnimmt, spielt also eine zentrale Rolle im Zusammenhang mit unserem Wohlbefinden und der Aromatherapie.

Ich möchte Dir an dieser Stelle einfach einen ganz kleinen Einblick in das limbische System geben, das sich wie folgt zusammensetzt:

- Hypothalamus: Steuerzentrale des vegetativen Nervensystems. Regelt die Temperatur, Blutdruck, Schlaf, Hunger, Durst etc. Den Hypothalamus könnte man auch als sogenannten „Dirigenten des Hormonorchesters" bezeichnen.
- Hippocampus: Schaltzentrale Kurz-/Langzeitgedächtnis und zuständig für die zeitliche und geografische Zuordnung.
- Die Amygdala bewertet und verarbeitet Ereignisse in Emotionen, sie ist sozusagen das „Angstzentrum".
- Thalamus: Filtert Sinneseindrücke, deren Bewertung dann in der Amygdala vorgenommen wird.
- Zirbeldrüse: Schlaf-Wach-Rhythmus.
- Gyrus cinguli: Mitgefühl und Bindungen.

Merke Dir: Emotionen stellen unsere Reaktion auf ein Ereignis dar. Sie werden im limbischen System als Reaktionsmuster erzeugt. Eine kurze heftige Gefühlsreaktion mit deutlich vegetativer Reaktion – also Schweiß, Herzrasen etc. – nennt man Affekt und sollte nicht mit einer Emotion verwechselt werden.

Merke Dir: Es führt kein Weg am **limbischen System** vorbei, wenn es um Prägungen und Gewohnheiten geht. **Alle Prägungen/Bewertungen sind dort abgespeichert und kennen kein Zeitgefühl.**

Ich werde in diesem Buch noch etwas im Detail auf unser Gehirn eingehen, damit Du bei Bedarf die Zusammenhänge erkennen, Deine Emotionen und die daraus resultierenden bisherigen Erlebnisse besser verstehen kannst. Denn diese Erkenntnis hat bei mir für den gefühlten Durchbruch in meiner Genesungszeit gesorgt. Ich bekam umgehend die Antwort darauf, warum ich mit all den Übungen und Therapien, die ich verzweifelt praktiziert habe, um meine Selbstheilungskräfte zu aktivieren, gescheitert bin.

Okay, ehrlich gesagt weiß ich nicht, ob das Wort „scheitern" das richtige ist. Schlussendlich kann ich nicht wissen, wie es gekommen wäre, hätte ich es nicht wenigstens versucht. Bekanntlich nehmen wir aus jedem Ereignis, welches wir zu einem Erlebnis machen, immer etwas Positives mit. Aber dazu mehr in einem anderen Kapitel.

Kommen wir zurück zur Aromatherapie und den wertvollen Unterstützungsmöglichkeiten.

Wir besitzen Riechrezeptoren am ganzen Körper und diese nehmen den Duft schon wahr, bevor wir an der Flasche mit einem ätherischen Öl gerochen haben. Fantastisch, nicht?

Ich möchte allerdings nicht weiter im Detail darauf eingehen, denn das Netz ist voll von Ausführungen zu diesem Thema. Glücklicherweise stellen so viele Fachleute, Anwender und Forscher ihr Wissen und ihre Erfahrungen in Nachschlagewerken, teilweise auch kostenlos in Form von Aufzeichnungen aus Vorlesungen zur Verfügung.

Während meiner Genesungsphase habe ich immer mehr nach Zusammenhängen gesucht und wollte wissen, WARUM mein Körper mich daran hinderte, ganz normale Arbeiten zu verrichten und weshalb ich meine mentale Verfassung und meine früheren Gewohnheiten nicht einfach wieder aufnehmen konnte. Es sollte doch keine Herausforderung sein, wieder so zu leben, denken, fühlen und handeln wie vor meinen Krankheiten?

Ich bin sehr wissbegierig und habe mich deshalb über Monate mit den Nervensystemen, dem limbischen System, dem Gehirn und dem endokrinen System beschäftigt. Alle diese Bereiche haben einen enormen Einfluss auf unsere Gesundheit, Psyche und emotionale Verfassung. Ihre reibungslose Funktion können wir, so einfach es klingen mag, mit kleinen Umstellungen in Bereichen wie Ernährung, Bewegung, Achtsamkeit im Umgang mit unseren Bewertungen und Gefühlen in unserem Alltag wertvoll unterstützen.

Solltest Du nun lächeln und leicht den Kopf schütteln, kann ich Dich sehr gut verstehen. Vielleicht beginnst Du auch zu zweifeln, weil Du schon so vieles ausprobiert hast und ich hier von kleinen Umstellungen spreche … Selbstverständlich ist das für mich rückblickend sehr einfach gesagt. Wenn man im Prozess ist, gesundheitliche Themen, die den Alltag einschränken und dann noch ungute Gefühle gepaart mit fehlender Freude hinzukommen, klingt mein Satz bezüglich kleiner Umstellungen ziemlich lächerlich.

Aber genau an dieser Stelle kann ich Dir bestätigen: Es funktioniert! Es braucht Mut, Ausdauer und den Willen, täglich weiterzumachen, auch wenn gefühlte Rückschritte dazukommen. Zudem kann ich Dir versichern, dass ich immer wieder gezweifelt habe, oder dass ich die eine oder andere ähnliche Übung nun wirklich nicht verstanden und mit Widerwillen gemacht habe. Auch das ist normal. Wir wachsen, wir lernen und wir finden (zurück) zu uns, wenn wir es zulassen. Ich freue mich über jeden Zusammenhang, den ich erkenne und auf alles, was noch vor mir liegt.

> *„Damit das Mögliche entsteht, muss immer wieder*
> *das Unmögliche versucht werden."*
>
> *Jürgen Höller*

Zum Schluss dieses Kapitels möchte ich Dir noch die möglichen neuen Gewohnheiten in Erinnerung rufen:

- Morgenroutine, optional mit dem ätherischen Basilikum-Öl – Bedanke Dich für den neuen Tag und seine Möglichkeiten, denke an Dein WARUM, Deine Träume und Ziele.
- Arbeite immer wieder an Deinen Visionen und Zielen.
- Baue zwei bis vier Atempausen, optional mit dem ätherischen Öl der Wildorange, in Deinen Alltag ein.
- Stelle Dir immer wieder die Frage „Wo und was kann ich ‚entrümpeln'" und handle danach.
- Denke an das Abendritual mit einem kleinen Gegenstand: Bedanke Dich voller Liebe und aus tiefstem Herzen für den schönsten Moment des Tages.
- Reduziere den Medienkonsum auf das für Dich mögliche Minimum und nutze die dadurch gewonnene freie Zeit für Dich mit einer Beschäftigung, die Dich glücklich macht und erfüllt.
- Tu DIR Gutes, mach etwas, was DIR Freude bereitet und Dich Deinen Zielen und Träumen näherbringt.
- Überrasche Dein Umfeld, verschenke Freude an Familie, Bekannte, Freunde, oder Menschen, denen Du Gutes tun möchtest.

Ehre Deinen Körper und Deine Organe

Ich möchte Dich einladen, Dir heute einmal dazu Gedanken zu machen, was Dein Körper Dir täglich Gutes tut.

Vielleicht hast Du irgendwo irgendwelche Beschwerden, es läuft nicht mehr so rund. Vor allem dann ist es wichtig, Deinen Fokus auf all das Schöne an Dir und Deinem Körper zu richten.

Wir starten mit Deinen Füßen und Beinen: Sie tragen Dich jeden Tag von morgens bis abends und bringen Dich überallhin, wo Du hinmöchtest. Du kannst spazieren, laufen, schwimmen, tanzen, Fahrrad oder Auto fahren. Überlege Dir doch einmal, was Du alles mit Deinen Beinen und Füßen machen kannst.

Deine Arme und Hände sind täglich in ständiger Bewegung. Sei es bei der Arbeit, beim Schreiben, Kochen, Basteln, Malen, Putzen ... Die Liste kann noch um vieles ergänzt werden. Mach Dir bewusst, wie kostbar Deine Arme und Hände sind.

Wer schon einmal einen Unfall oder einen Eingriff hatte und im Bewegungsapparat eingeschränkt war, wird noch mehr zu schätzen wissen, was wir mit unseren Beinen und Armen alles verrichten können.

Nach einem operativen Eingriff vor über zehn Jahren durfte ich lernen, dass nichts an meinem Bewegungsapparat selbstverständlich ist! Ich konnte weder richtig gehen, noch konnte ich eine Flasche Wasser in meinen Händen halten. Vom Kochen einer Pfanne Pasta muss ich an dieser Stelle wohl gar nicht berichten. Nun, damals war mein Leidensdruck scheinbar noch zu wenig ausgeprägt und ich vergaß sehr schnell wieder, was für ein Geschenk ein gut funktionierender Körper ist und was meine Symptome mir vielleicht sagen wollten.

Deine Augen lassen Dich jeden Tag sehen. Mit Deinem Mund kannst Du sprechen, lachen, singen, essen, genießen. Deine Nase nimmt Düfte wahr und beeinflusst, wie Du im vorangegangenen Kapitel gelesen hast, auch Deine Emotionen, lässt Dich Essen, Deine Lieben oder Deine Wäsche riechen.

Der Riechsinn ist übrigens der erste Sinn, den ein Embryo entwickelt. Er kann seine Mutter schon im Mutterleib riechen.

Deine Ohren lassen Dich hören. stell Dir vor, Du könntest die Musik, Gespräche, oder die Geräusche der Natur nicht hören – Sei dankbar für dieses wertvolle Geschenk!

Deine Brust, Dein Bauch und Po ... Nimm alles wahr und bedanke Dich für Deinen Körper und Deine Organe, die täglich unfassbar viel leisten!

Am einfachsten funktioniert diese Übung, wenn Du Dich duschst oder wenn Du badest. Wasche Dich doch einmal ganz bewusst und seife Deinen ganzen Körper ein. Nimm Dir ein paar Minuten mehr Zeit als sonst. Seife Dich von oben bis unten, vorne und hinten bis zum kleinen Zeh ein und sei dankbar für Deinen Körper und seine tägliche Arbeit.

Lasst uns doch ehrlich sein ... Meistens ist die Dusche, Morgen- oder Abendtoilette in unserem Alltag eine Gewohnheit, die wir einfach schnell hinter uns bringen wollen. Wir schäumen kaum jeden Zentimeter mit Duschcreme oder Seife ein. Nein ... Wir tragen husch-husch ein bisschen Seife auf unsere Hände auf, reiben uns „durch gewisse Stellen", hüpfen aus der Dusche und fertig ... Möglichst schnell weiter, aus dem Haus, zur Arbeit oder ins Bett ... Am Wochenende kann es dann vielleicht noch ein bisschen länger dauern, weil wir uns womöglich die Beine rasieren oder noch die Zehennägel schneiden.

Ich möchte hier niemandem zu nahetreten. Auch wenn der obere Abschnitt nicht kursiv geschrieben ist, basieren die Ausführungen auf meiner früheren persönlichen Routine.

Deshalb bitte ich Dich, Dir einfach ein bisschen mehr Zeit für Dich und Deinen Körper zu nehmen. Wie vorgeschlagen können das „nur" zwei Minuten mehr, verbunden mit ehrlicher und aufrichtiger Dankbarkeit in der Dusche sein.

Wenn Du es vorziehst, in der Dusche ein Liedchen zu singen, dann bietet sich die Gelegenheit für Dankbarkeit an, wenn Du Deinen Körper eincremst, optional mit einer neutralen Creme und einem für Dich passenden ätherischen Öl. Oder nimm eine Bodylotion, die Du irgendwann einmal geschenkt bekommen und für einen besonderen Moment aufgehoben hast.

Eigentlich sollte jeder Tag etwas Besonderes sein. Es erscheint mir wichtig, dass wir unseren Körper auch wertschätzen und ihm auf diese Weise täglich DANKE sagen.

Zur Körperehrung gehören für mich auch eine ausgewogene Ernährung, optional eine hochwertige Nahrungsergänzung, Aromatherapie, stilles Wasser, genug Schlaf und Zeit mit mir und einer Tätigkeit, die mir Spaß macht.

Denke daran, Zeit mit Dir und eine kurze Pause kannst Du mit einem ätherischen Öl wirkungsvoller gestalten. Die kurzzeitige Entspannung kann einfach größer sein, wenn Du Dich für fünf Minuten mit einem ätherischen Öl und einer Handinhalation hinsetzt und so im Anschluss über neue Energie verfügen kannst. Ätherische Öle gelangen über das olfaktorische System direkt ins Gehirn, in den Blutkreislauf, werden verstoffwechselt und sind innerhalb von vier Stunden wieder aus dem Körper ausgeschieden.

Wenn wir also eine kurze Pause einlegen und ein ausgleichendes Öl, wie beispielsweise Lavendel, Wildorange oder Weihrauch inhalieren, profitiert der ganze Körper von dieser wohltuenden und stärkenden Wirkung.

Nebenbei bemerkt: Das ätherische Grapefruit-Öl, Citrus paradisi, gilt als das Öl der Körperehrung und kann unter anderem auf der emotionalen Ebene und bei aromatischer Aufnahme wie folgt unterstützen:

* Linderung von Angst- und Stressgefühlen
* Stärkung des Selbstwertgefühls
* Bei Unzufriedenheit mit dem Körper lehrt es Dich, Deinen Körper zu lieben

Ich persönlich bade sehr gerne. Selbstverständlich gibt es Tage, da verfalle ich auch nach so langer Zeit wieder in mein Muster und hetze mich unter die Dusche. Was ich aber wirklich jeden Morgen mache, ist meinen ganzen Körper einzucremen, während ich mich für den neuen Tag, oder sonst für etwas Schönes bedanke. Das Morgenritual mit den Ölen und das Eincremen meines Körpers ist mir wirklich wichtig und ich fühle mich gestärkt und bereit für all die Herausforderungen und schönen Momente, die mir der Tag bringen wird! Zudem trage ich seit meiner Genesung auch alle Kleider und den Schmuck, die ich früher für besondere Anlässe aufgehoben habe.

Ich kann Dir versichern, dass es sich tatsächlich lohnt, für dieses oder ein ähnliches Morgenritual zehn bis fünfzehn Minuten früher aufzustehen!

Wenn ich daran denke, dass ich noch vor ein paar Jahren an der roten Ampel die letzten Handgriffe erledigt und mit dem Lippenstift und einem Kajal noch etwas Farbe im Gesicht aufgetragen habe ...

Wie es hinter mir teilweise hupte und ich darauf hoffte, dass sich in meiner Tasche noch genug Haarspray befindet, wenn denn meine Haare bis zur Ankunft im Geschäft getrocknet sind. Diese Hektik hat sich in der Folge logischerweise durch den ganzen Tag gezogen. Dabei kann es so einfach sein ...

Nimm Dir morgens ein bisschen Zeit für Dich, Deine Visionen, Deine Träume und für all das Schöne an und in Dir!

Und bitte denke stets daran: Es sind die Emotionen, die entscheidend sind. Wenn Du Dich einfach bedankst, um Dich bedankt zu haben, dann kannst Du es auch gleich sein lassen. Wähle deshalb weise, für welche Körperteile und Organe Du Dich bedanken möchtest.

Dein Körper und Bewegung

Nachdem Du Dir gestern Zeit genommen hast, für Deinen Körper und Deine Organe dankbar zu sein, möchte ich Dich heute ermutigen, Dir und Deinem Körper Gutes zu tun.

Je nachdem, wie sich Deine Tage gestalten, gebe ich Dir nachfolgend ein paar Vorschläge und hoffe, dass etwas für Dich Ansprechendes mit dabei ist.

Ich empfehle Dir, Dir wenigstens drei Mal wöchentlich einen Spaziergang von mindestens zwanzig Minuten zu gönnen. Ein Morgenspaziergang kann sehr erfrischend sein und Deinen Kreislauf in Schwung bringen. Findest Du tagsüber Zeit, dann kannst Du vielleicht mit einer/einem Freund/in, oder Nachbar/in einen gemeinsamen Spaziergang durch Deinen Wohnort, oder in einer Stadt machen. Und wenn Du keine Begleitung möchtest, begibst Du Dich ganz allein durch die Natur, oder in ein nahegelegenes Waldstück. Auch ein Abendspaziergang bietet eine wunderbare Chance für Entspannung und Zeit mit Dir. Gerade nach einem langen Arbeitstag kannst Du Deinen Kopf frei bekommen und Deine Träume pflegen. Egal ob es regnet oder die Sonne scheint, ob es kalt ist und Schnee fällt – genieße die Geräusche der Natur. Es kann unglaublich wohltuend sein, den Regentropfen, Schneeflocken, oder dem Vogelgesang zu lauschen. Du musst Dich lediglich dafür öffnen und wahrnehmen.

Eine weitere Möglichkeit für zusätzliche Bewegung kann ein kleines Tänzchen zu Deiner Lieblingsmusik sein. Und sag mir jetzt bitte nicht, dass Du kein Lieblingslied hast, bei dem es Dich juckt, Dich zu bewegen und sogar noch mitzusingen. Das hat doch wirklich jede/r – Und wenn Dir die Musik oder Dein Titel gerade fehlt, dann lade Dir eine kostenlose App auf Dein Handy und erstelle Dir eine Playlist mit Deinen Favoriten. Spiel Deinen Song ab und singe und tanze dazu ganz für Dich allein. Das kann tatsächlich großen Spaß machen und Glücksgefühle hervorrufen. Zugegeben, am Anfang könnte man auch merken, dass man außer Puste kommt. Dann gilt es einfach, diesen Zustand nicht zu beachten, einen Gang zurückzuschalten und sich auf das Lied und die Emotionen zu konzentrieren. So ein Tänzchen beispielsweise zum Kochen, oder nach dem Essen, vor dem Mittagstief, kann Wunder wirken!

Natürlich gibt es noch viele andere Varianten, sich zu bewegen. Vielleicht möchtest Du lieber Fahrrad fahren? Oder schwimmen gehen? Finde Deine Favoriten, Möglichkeiten und Routinen für eine regelmäßige Portion Bewegung und Motivation.

Seit knapp elf Jahren haben wir einen süßen Havaneser – mein treuer Weggefährte, mit dem ich drei Mal täglich an der frischen Luft bin. Vor allem morgens oder abends genießen wir einen ausgedehnten Spaziergang. Zudem liebe ich es, in unserem Garten zu werkeln. Selbstverständlich gibt es auch Tage, an denen die Spaziergänge lediglich kurz ausfallen, weil mir das Wetter nicht gerade zusagt, oder ich das Gefühl habe, etwas anderes wäre wichtiger.

Ich kann Dir aber versichern, dass ich an den Tagen ohne zügigem oder ausgiebigem Spaziergang nicht die Hälfte von meinem Tagesprogramm schaffe, welches ich mir vorgenommen habe. Wenn ich meinen Kreislauf nicht in Schwung bringe und meiner To-do-Liste mehr Beachtung schenke als mir, dann werde ich träge, unentschlossen und verliere automatisch an Energie.

Die Spaziergänge und die Pausen mit mir, die ja eigentlich „Zeit kosten", sind nötig, damit ich in meiner Kraft bleibe und neue Energie tanken kann.

Als ich früher noch abends nach der Arbeit gemütlich auf der Couch gelegen und beispielsweise durch Facebook gescrollt bin, den Fernseher eingeschaltet und vielleicht noch etwas Kleines zu essen zu mir genommen habe … Was denkst Du, dass ich dann wieder voller Motivation aufgestanden bin und mich einer kreativen Tätigkeit, etwas Freudigem, oder einer Arbeit, die ich schon lange vor mich hingeschoben hatte, gewidmet habe …? Nein, natürlich nicht. Bitte fühle Dich jetzt nicht persönlich angesprochen – das ist lediglich genau meine Erfahrung. Der Höhepunkt kam dann jeweils nach 21:00 Uhr, als ich auf der Couch eingeschlafen bin …

Heute setze ich mich abends auch gerne kurz auf die Couch, blättere durch meine privaten Nachrichten, schaue mir einen motivierenden Beitrag im Netz an oder unterhalte mich mit meinem Mann. Bevor jedoch Müdigkeit aufkommt, stehe ich auf und gehe auf den Abendspaziergang und tue mir noch einmal Gutes. In der Regel wird dann im Anschluss auch noch Wäsche gewaschen, oder sonst irgendetwas erledigt, was ich bis dahin aufgeschoben habe.

Selbstverständlich kann ich auch einen ausgesuchten Film vor dem Fernseher genießen. Ein spannendes Buch, oder eine Bastelarbeit, zum Beispiel an meinem Visionsboard, können mir aber unglaublich viel mehr dabei helfen, abzuschalten oder wieder in meine Kraft zu kommen.

Noch kurz zum empfohlenen Tänzchen – das mache ich wirklich praktisch jeden Tag. Wenn nicht schon am Morgen, dann spätestens zur Mittagszeit, wenn mir beispielsweise die nötige Motivation zum Kochen fehlt. Dann schnappe ich mir meine Kopfhörer und schalte meine Playlist – die übrigens „Motivation im Alltag" heißt – ein, damit meine Stimmung steigt und das Kochen zum Klacks wird. Genau so funktioniert das auch mit ungeliebten Hausarbeiten. Den Staubsauger zur Lieblingsmusik durch die Wohnräume zu schwingen, macht doch mehr Spaß als mit einem Radio, das alle halben Stunden dieselben oft traurigen Nachrichten sendet.

Übrigens, Kopfhörer sind für so Tänzchen und Zeit mit Dir eine gute Sache. Ich persönlich bin dann irgendwie noch mehr bei mir … Und meinen Gesang hört außer dem Hund auch niemand …

Also – such Dir Deine Lieblingsmusik, mach ein Tänzchen, lache und singe dazu, sei mutig und hab Spaß!

Gönne Dir eine Pause an der frischen Luft, sei kreativ, oder laufe ein paar Treppenstufen mehr pro Tag – finde Deine neue Tagesroutine mit einer körperlichen Aktivität, die Dich fröhlich stimmt!

Wege aus der Negativität

Nachdem wir gestern den Fokus auf die Freude und Motivation für Deinen Körper gelegt haben, möchte ich Dir heute ein paar Möglichkeiten aufzeigen, wie Du Wege finden kannst, aus einer für Dich ungünstigen Situation herauszukommen.

Mein erster Vorschlag ist das Erstellen einer Liste mit positiven Dingen, die trotz einer möglichen Einschränkung, oder einer für Dich ungünstigen Situation, gut sind in Deinem Leben.

Nehmen wir einmal an, Du bist krank und nicht in Deiner Kraft.

Nimm ein Blatt Papier, ein Heft, oder was gerade greifbar ist und notiere Dir:

Obwohl ich krank bin, bin ich unglaublich dankbar dafür, dass:

- ich bis heute immer gesund und in meiner Kraft gewesen bin.
- ich eine Familie habe, die immer für mich da ist.
- ich wieder gesund werde.
- ich ein schönes Zuhause habe, in dem ich mich wohlfühle.
- ich Freunde habe, mit denen ich telefonieren kann.
usw. ...

Wichtig ist, dass Du Dir immer wieder sagst, oder eben direkt aufschreibst, wofür Du dankbar bist, trotz der im Moment aktuellen Situation. Wenn Dir nichts einfällt, wofür Du dankbar sein kannst, dann denke auch da wieder an Deinen Körper, denn so vieles wird „noch" gut sein. Denke an Dein Zuhause, die moderne Technik, daran, dass Du gerade diese Zeilen lesen kannst, dass Du immer etwas zu Essen hast, fließendes Wasser, Dich duschen und pflegen kannst. Die Liste kann unendlich lang und sollte trotzdem für Dich realistisch sein. Es ist wichtig, dass Du diese Dankbarkeit auch zu spüren lernst und nicht nur ein paar Zeilen auf dem Papier notierst.

Eine weitere Möglichkeit für den Weg aus der Negativität kann sein, dass Du Dir eine Liste anlegst mit Dingen, die Du gerne machst, oder mit Erlebnissen, an die Du gerne zurückdenkst, mit Filmen, die Du magst, mit Namen von Personen, die Du liebst. Anstelle einer Liste kann auch das wieder eine bunte Zeichnung sein, mit Hinweisen zu unvergesslich schönen Momenten. Trage diese Liste oder Zeichnung bei Dir, oder hänge sie irgendwo auf. Und wann immer Du sie siehst, oder sie in Deiner Hosentasche spürst, denke voller Dankbarkeit und Liebe an all das Schöne, das Du erlebst und notiert hast.

Die dritte Möglichkeit ist wieder die Musik. Musik hat einfach eine unglaubliche Wirkung. Das wissen wir eigentlich alle. Wir können jede Stimmung mit der passenden Musik unterstützen, verstärken oder eben umkehren.

Eine weitere Idee für einen Stimmungswechsel: Verschenke Freude an andere. Überrasche Deine/n Nachbar/-in mit einer kleinen Aufmerksamkeit, oder biete ihr/ihm, wenn das für Dich möglich ist, Deine Hilfe an. Rufe Deinen Lieblingsmenschen an, oder schreibe ihm eine Mail. Dir wird bestimmt etwas einfallen. Ganz wichtig dabei ist: Erzähle nicht von Deiner ungünstigen Situation bzw. Deinem Problem. Das möchte der Überraschte gar nicht hören. Schließlich soll die Begegnung oder die Tat freudig sein, und da hat „Jammern" keinen Platz.

Denke immer wieder daran: Wo Dein Fokus ist – dahin fließt Deine Energie.

Früher hatte ich eine Umkehrliste. Also eine Liste mit Dingen, die ich gerne mache, mit Bildern von meinen Liebsten oder Namen von Menschen, die ich bewundere. Diese Liste trug ich meistens bei mir. Irgendwann habe ich auf die Musik gewechselt und habe mir Kopfhörer zu Weihnachten gewünscht.

Weil mir das Ergänzen meiner Liste dann irgendwie gefehlt hat, habe ich begonnen, fortlaufend schöne Erlebnisse auf Notizzettel zu schreiben, habe sie zusammengefaltet und in ein schön verziertes großes Glas gelegt. Eigentlich ein kleiner „Aufwand". In der Küche liegt immer ein kleiner Notizblock für meine Einkaufsliste. Auch hier beim PC liegt ein kleiner Schreibblock und im Schlafzimmer habe ich etliche Notizhefte. So habe ich also begonnen, schöne unvergessliche oder magische Momente, die ich erleben darf, mit Datum auf Papierzettel zu schreiben und in mein verziertes „Glücksmomente-Glas" zu legen. Und spätestens zum Jahresende, oder immer, wenn ich traurig bin, Zweifel habe oder mich einfach nicht so gut fühle, nehme ich mein Glas, ziehe ein paar Zettel heraus und lese, wann ich was geschrieben und erlebt habe. Heute bin ich so weit, dass ich dann NICHT mehr denke, dass es damals so schön war und ich das jetzt gerade nicht habe ... NEIN, heute kann ich solche vergangenen Glücksmomente nutzen, um wieder in meine Kraft und in eine positive und zuversichtliche Energie zu kommen. Mein Herz füllt sich automatisch mit Liebe, weil ich aus tiefstem Herzen dankbar sein kann für all die schönen Momente, die bei bester Gesundheit – wie so vieles – immer wieder in Vergessenheit geraten. Oder – dabei ertappe ich mich immer wieder – die als selbstverständlich erachtet werden.

Und glaube mir, A4-Seiten mit mindestens zehn Dingen, die an einer nicht geplanten, unangenehmen oder herausfordernden Situation gut sind, habe ich schon einige geschrieben. Diese Übung ist für mich auch immer sehr hilfreich, um neue Kraft zu schöpfen, loszulassen, oder zur Unterstützung und Lösung von einem „Problem". Hinterher fühle ich mich einfach schon viel besser und kann die Situation von einem anderen Blickwinkel aus betrachten. Meiner Meinung nach ein großer Gewinn für einen geringen Einsatz. Weil mein Fokus dann nicht mehr auf meinem „Problem", sondern auf die Dinge, die an diesem Umstand positiv sind, gerichtet ist.

Menschen zu überraschen oder für sie da zu sein sind für mich immer wieder spontane und wunderbare Momente der Liebe und Dankbarkeit.

Und wenn ich mich wirklich schlecht fühle, bin ich lieber ein, zwei Tage mit mir allein und lasse es zu, dass ich gerade traurig oder enttäuscht bin. Denn wie bereits eingangs geschrieben: Auch diese Gefühle dürfen ihren Platz haben!

Ölmischung und
Wirkungsmöglichkeiten

Nach diesen ersten zehn Tagen könntest Du die ätherischen Öle des Zedernholzes, Bergamotte und Lavendel bereithalten. Vielleicht möchtest Du Dir auch einfach neue Gewohnheiten ohne ätherische Öle aneignen und Dein Leben nur mit einer neuen Denk- und Handlungsweise positiv verändern. Fühl Dich frei und nimm für Dich mit, was sich für Dich richtig anfühlt.

Auf jeden Fall hoffe ich, dass Dein Tagesstart inzwischen aus Gefühlen der Dankbarkeit besteht und Du Dich an Deine Ziele und Träume erinnerst. Denn nur und genau so kannst Du ganz einfach Dein Herz und Gehirn mit liebevollen Emotionen füllen.

Gönnst Du Dir täglich zwei bis drei Pausen mit dem erfrischenden Duft der Wildorange? Diese kleinen Pausen mit Dir und einem ätherischen Öl können eine wertvolle Unterstützung bieten und lassen bei regelmäßiger Anwendung nachweislich viel schneller eine Veränderung zu.

Man könnte auch sagen: „Wir lassen die Öle für uns arbeiten."

Vielleicht hat Dein Umfeld auch schon bemerkt, dass Du Dich ein bisschen verändert hast und Zeit mit Dir oder neuen Gewohnheiten verbringst? Ich habe das relativ schnell wahrgenommen und kann auch heute, wenn es denn ganz selten noch vorkommt, nicht immer gut mit der Resonanz meines Umfeldes umgehen. Meine persönlichen Erfahrungen dazu erzähle ich Dir wie gewohnt im kursiv geschriebenen Teil dieses Tages.

Wie auch immer, kommen wir zum dritten Fläschlein, welches Du für Dich bereitstellen könntest. Ich empfehle Dir, vier Tropfen Zedernholz – Juniperus virginiana –, fünf Tropfen Lavendel – Lavandula angustifolia – und vier Tropfen Bergamotte – Citrus bergamia – mit 10 ml fraktioniertem Kokosöl zu vermengen. Selbstverständlich kannst Du auch ein anderes Trägeröl, also ein fettes Pflanzenöl, für die Verdünnung verwenden. Das fraktionierte Kokosöl ist einfach geruchsneutral, lange haltbar und nicht so fettend.

Diese Mischung ist ausschließlich für den topischen Gebrauch bestimmt und Du kannst Dir jeden Abend vor dem Schlafengehen zwei bis drei Tropfen auf Deine Unterarme auftragen. Ich empfehle Dir, anschließend die Unterarme aneinanderzureiben und zusätzlich ein paar tiefe Atemzüge zu nehmen. Genieße die sich ausbreitende Entspannung, während Du im Anschluss Deinen Gegenstand in die Hand nimmst und Dich für den schönsten Moment des Tages bedankst.

Selbstverständlich möchte ich auch kurz erwähnen, warum ich einst diese drei ätherischen Öle ausgewählt habe, welche Eigenschaften sie aufweisen und wie sie Dich auf der emotionalen Ebene unterstützen können:

Zedernholz, Juniperus virginiana, das Öl der Gemeinschaft:

- Stärkt das Vertrauen zu Familie, Freunden und Menschen.
- Fördert den Mut, Dich zu öffnen und Unterstützung anzunehmen.
- Weist erdende, entspannende und ausgleichende Eigenschaften auf.

Lavendel, Lavandula angustifolia, das Öl der Kommunikation:

- Entspannende und ausgleichende Wirkung; auf der körperlichen Ebene senkt Lavendel nachweislich den Cortisolspiegel (Stresshormon) und entlastet somit unsere Nebennieren.

- Lavendel kann Dir helfen, emotional aufrichtig und ehrlich zu sein und Dich für Deine innersten Gedanken und Träume zu öffnen und diese zum Ausdruck zu bringen.

Bergamotte, Citrus bergamia, das Öl der Selbstannahme:

- Gilt als angstlösend, stimmungsaufhellend und ausgleichend.
- Kann Dich darin bestärken, an Dich und Deine Talente zu glauben und Dir die Kraft geben, Dich selbst zu lieben.
- Durch seine Eigenschaften kann es Dich dabei unterstützen, das Leben mit mehr Optimismus zu betrachten.

Diese Kombination ist nicht nur wunderbar geeignet für eine erholsame Nachtruhe, sondern kann selbstverständlich auch tagsüber zur Unterstützung der emotionalen Balance und mentalen Verfassung angewendet werden.

Kommen wir noch einmal zurück zur persönlichen Veränderung und möglichen Reaktionen Deines Umfelds. Gerne teile ich mit Dir nachfolgend meine erste persönliche Erfahrung und meinen Umgang mit dieser vielleicht befremdlichen Situation:

Als ich Schritt für Schritt mit meinen Übungen und dem Lesen von Büchern über Persönlichkeitsentwicklung begonnen habe, war ich total beeindruckt.

Nun, eigentlich war ich gefesselt von den Möglichkeiten und Angeboten, die sich plötzlich von überall her boten. So viele Menschen teilen ihre Erfahrungen und ihr Wissen in Seminaren und Büchern. Ich war zum einen motiviert und begann gleichzeitig und automatisch auch das Verhalten meines Umfeldes zu hinterfragen. Ich erzählte von meinen Erfahrungen, verschenkte Bücher und später auch ätherische Öle in meinem Familien- und Bekanntenkreis.

Schon nach kurzer Zeit wurde ich darauf angesprochen, was eigentlich mit mir los sei und hörte Sätze wie: „Das hast Du früher ja auch

nie gemacht", oder „Du hast Dich aber verändert" ... Denn ... zugegeben ... Ich habe natürlich auch ein bisschen übertrieben und wollte mein ganzes Umfeld mit einbeziehen ...

Dabei war ich bis vor meiner Erkrankung ein wirklich lebensfroher
Mensch, der keine Probleme kannte. Ich hatte immer für alles eine Lösung, oder einen Rat. Nur nahm ich es damals gar nicht wahr, dass ich unbewusst lebte, was ich die letzten Jahre wieder, oder neu erarbeitet hatte.

Wie auch immer, ich konnte also die Haltung meiner Familie und ehe-
maligen Bekannten nicht immer verstehen, bis mir bewusst wurde,
dass ICH ja etwas an MIR ändern wollte. ICH wusste nicht, was ich
mit mir anfangen sollte und was denn meine Ziele unter den gegebe-
nen Umständen der Schwäche, Schmerzen und Angstzustände überhaupt sein könnten.

Während ich mich also wegen der ersten Kommentare meines Umfelds gekränkt fühlte, hatte ich gemerkt, dass ICH keine Freude mehr
empfand und scheinbar an allem und jedem nur noch das Schlechte
sah. ICH hatte Angst vor Veränderung und meiner damals aktuellen
Situation. ICH hatte das Gefühl, wenn es mir nicht gut gehe, dann
müsste es auch meinem Umfeld nicht gut gehen. ICH sollte in die Umsetzung kommen und nicht nur lesen und andere verändern wollen.
Weißt Du ... Ich konnte alles Mögliche in eine Situation anderer hi-
neininterpretieren ... Und vergaß dabei, bei MIR hinzuschauen und
den sogenannten „Spiegel" zu erkennen ... Aber das ist ein separates
Thema, welches es sich lohnt, einmal aufzugreifen.

Ich realisierte also, dass **ich mit MIR ins Reine kommen darf**, damit auch das ganze Umfeld und die Beziehungen in Harmonie sein
können – **das ist der Schlüssel!** Das hört sich jetzt vielleicht wieder komisch an ... Ich konnte mir das auch nicht vorstellen, bis ich es
selbst ausprobiert und erlebt habe – Es ist einfach magisch!

Zum Abschluss dieses Kapitels möchte ich Dir deshalb raten,
nicht Dein Umfeld verändern oder „bekehren" zu wollen, sondern

bei Dir anzufangen. Und bitte, nur hinschauen und wahrnehmen, nicht bewerten.

Glaube mir, wenn Du mit Dir liebevoll, dankbar und zufrieden bist, annimmst, was gerade ist, dann kann die Magie in Dein Leben treten und Deine Wahrnehmung und Dein Umfeld verändern sich automatisch!

Vertraue Dir, vertraue der Situation, trainiere weiterhin Deine Gefühle für Liebe und Dankbarkeit und freue Dich auf das, was kommen wird.

Achtsamkeit und Zeichen im Alltag

Heute komme ich noch einmal auf meine Zeilen an Tag 2 zurück. Ich habe einen kleinen Dankbarkeitsstein auf meinem Nachttisch. Es ist ein kleiner weißer Stein ... Mittlerweile habe ich allerdings verschiedene Steine im ganzen Haus liegen ...

Das kommt daher, dass ich die Dankbarkeitsübung auch zeitweise über den ganzen Tag verteilt praktiziere. Sobald ich wieder in alte Muster oder in negative Gedankenschleifen verfalle, folgen Tage, an denen ich mich daran erinnere, dass ich dankbar sein möchte für alles, was ich habe und erleben darf. Die Steine sollen mich daran erinnern, dass ich achtsam bin und wahrnehme, was mir tagtäglich geschenkt wird. So stecke ich sie teilweise in meine Hosentasche und jedes Mal, wenn ich den ausgesuchten Stein spüre, halte ich einen Moment inne und richte meinen Fokus wieder auf das Schöne und Gute. Und wenn ich keinen Stein in der Hosentasche habe, dann nehme ich ganz bestimmt den ein oder anderen Stein, der irgendwo im Haus liegt, wahr. Ich bin überzeugt, dass mir dann das Universum zeigen möchte, dass ich achtsam durch den Tag gehen und meinen Fokus neu ausrichten sollte.

Dieses Innehalten für ein paar Sekunden im Alltag kann bewirken, dass sich Deine Energie, Deine Stimmung und Gedanken sofort verändern können. Und ich erlaube mir zu sagen, dass eine solche Erinnerung keinen Zusatzaufwand in Deinem Alltag darstellt. Im Gegenteil, durch diese Achtsamkeit und Technik kannst Du mehr Energie und Kraft freisetzen.

Ich lade Dich somit ein, auch für Dich Zeichen zu definieren, die Dich immer wieder kurz innehalten lassen und Dich daran erinnern, dass Du nicht in Deiner Kraft bist. Glaube mir, das ist ganz einfach und wirklich auch ganz lustig … Ich persönlich könnte Dir nicht sagen, wo genau ich überall kleine Steine deponiert habe. Okay, beim Staub wischen oder Bad reinigen sehe ich sie schon … Das ist ja klar. Ich kann Dir aber versichern, dass ich gar nicht auf die Idee komme, einen Stein zu sehen oder zu suchen – nein, die Steine zeigen sich mir wirklich immer nur dann, wenn es nötig ist.

Tja, und dann habe ich noch einen Hinweis für mich definiert. Ich trage praktisch immer eine kleine Kette um den Hals. Wenn der Verschluss sich vorne beim Anhänger zeigt, bin ich nicht bei mir, oder gerade in einer für mich nicht dienlichen Energie. Also wann immer ich in den Spiegel schaue und wahrnehme, dass der Verschluss nicht schön hinten in meinem Nacken aufliegt, richte ich meine Kette und halte kurz inne. Ich ändere meine Gedanken, höre ein schönes Lied, oder lenke mich sonst entsprechend ab, um wieder in eine positive Energie zu kommen. Ehrlich gesagt versuche ich mich auch manchmal zu erinnern, was mir denn gerade so durch den Kopf gegangen ist, bevor ich einen Stein sehe oder den Verschluss an meiner Kette richte. Du siehst – auch bei mir kreisen die Gedanken ständig und oft unbemerkt.

Du denkst Dir jetzt vielleicht, dass es anstrengend sein kann, dass Du auf Zeichen achten solltest. Das ist es nicht … Du wirst ja kaum ständig in den Spiegel schauen, oder denken: „Ich muss jetzt heute mein Zeichen sehen." Du lernst hier einfach Möglichkeiten kennen, wie Du Dich immer wieder an Dankbarkeit und Liebe erinnern kannst. Zudem können definierte Zeichen auch dazu da sein, Dich zu motivieren oder zu besänftigen.

Und wenn Du möchtest, definiere ein erstes Zeichen für Dich, und wenn es so sein soll, dann wird es so sein, dass Du Dich im richtigen Moment daran erinnerst. Das ist wirklich eine sehr schöne Übung, die mich immer wieder zum Schmunzeln bringt. Denn wie bereits erwähnt scheine ich diese Zeichen wirklich dann zu sehen, wenn sie nötig sind. Wenn ich im Fluss bin und mir alles leicht von der Hand geht, dann sehe ich den Verschluss tage- oder wochenlang nicht an meiner Kette, oder stolpere über einen Stein im Haus.

Weißt Du, wenn Du nämlich achtsam durch den Tag gehst, all das Gute, Deine Zeichen und die Magie um Dich herum wirklich wahrnimmst, wird Dir kaum mehr ein Missgeschick passieren ...

Ist mir klar, Deine Mundwinkel gehen jetzt bestimmt nach oben und Du denkst, jetzt ist es um Yvonne geschehen ...

Ich weiß, dass man sich das nicht vorstellen kann. Es ist wie bei der Aromatherapie, man kann es nicht beschreiben, man sollte es ERLEBEN.

Denke an meine Zeilen, wenn Du Dich das nächste Mal an der Tischkante stößt, Dir etwas herunterfällt, oder sonst etwas nicht nach Deinen Plänen verläuft. Das sind nämlich alles auch Zeichen, die Dich daran erinnern sollten, dass Du gerade nicht auf Deinem Weg bist, einen Gang zurückschalten könntest, oder Du in Gedanken und Handlungen versunken bist, die Dir nicht dienen.

Im Laufe der letzten Jahre habe ich noch mehr Zeichen für mich definiert. Nicht alle auf einmal, es kamen immer wieder neue dazu, die alle eine andere Bedeutung für mich haben.

Warum also habe ich so viele kleine Zeichen für mich definiert? Zum einen, weil sie mich dabei unterstützen sollen, meine Dankbarkeit weiter täglich zu trainieren, und zum anderen ... Es gibt bei mir auch Abschnitte, da fühle ich mich nach wie vor unsicher, wenn nicht sogar ängstlich. Das passiert meistens dann, wenn ich tagelang über etwas nachgegrübelt habe, ich mir etwas nicht zutraue, oder eine

Aufgabe ansteht, deren Ausgang ich (noch) nicht kenne. Die Unsicherheit, oder sogar die Angst vor dem Scheitern, bzw. davor, krank zu werden, kommt seit meiner Genesung immer wieder auf … und lässt mich nicht in der Gegenwart sein.

Zurück zu den Zeichen: In solchen Momenten finde ich draußen eine besonders schöne Feder, sehe „meine Farbe" oder „mein Tier". Und jedes Mal, wenn mir meine Farbe oder mein definiertes Tier begegnet, verleiht mir dies Mut und Zuversicht! Ich weiß dann, dass ich auf dem richtigen Weg und nie allein bin. Diese Zeichen stärken mich und diese Momente sind immer so schön! Sie lassen mich voller Liebe und Dankbarkeit sein. Und wann immer ich ein Zeichen brauche, es aber nicht suche, dann zeigt sich „mein Tier" absolut unerwartet, oder ich sehe „meine Farbe".

Alles klar, ich denke, dass das auch befremdlich klingen kann. Absolut verständlich für mich, es erging mir vor ein paar Jahren auch so.

Also, ich möchte Dich bitten, für Dich eine Farbe, einen Gegenstand, ein Tier, oder einfach etwas zu bestimmen, was Dich aufheitern oder Dich daran erinnern soll, Deinen Fokus zu ändern. Etwas, das Dir zeigen soll, dass Du nie allein, oder dass Du auf Deinem Weg bist. Es sollte auf jeden Fall etwas Schönes sein, das Dein Herz erwärmt. Es soll ein freudiges Zeichen für den Alltag werden, das Dich glauben und vertrauen lässt, wann immer Du es brauchst, aber nicht suchst.

Was auch immer diese Farbe, der Gegenstand oder das Tier Dir sagen soll, definiere es für Dich und freue Dich auf diese magischen Momente, die in Dir ein tiefes Gefühl der Liebe und Dankbarkeit entfachen und Dir Mut und Vertrauen verleihen können.

Und bitte denke nicht, wenn ich die Farbe Lila auswähle, wo will ich dann außer in meinem Zuhause Lila sehen?

Glaube mir, Du wirst die Farbe Lila sehen, immer dann, wenn Du nicht in Deiner Kraft bist, unsicher, oder Unterstützung brauchst. Je nachdem, wofür Du Deine Farbe definiert hast.

Du kannst neben der Farbe auch noch einen Gegenstand oder ein Tier bestimmen. Lass Deiner Fantasie freien Lauf, oder bestimme das Erste, was Dir jetzt in den Sinn kommt. Unterscheide einfach je nach Zeichen, woran es Dich erinnern soll.

Ein paar Beispiele:

Stein: Sei dankbar!
Farbe: Sei glücklich – alles ist gut!
Kette: Du bist nicht in Deiner Kraft –
        ändere Deine Gedanken!
Tier: Du bist nie allein – ich bin bei Dir!
Feder: Ein Geschenk für Dich –
        bleib auf Deinem Weg!

Du wirst Dein erstes Zeichen bereits haben und ich wünsche Dir von Herzen ganz viele magische, glückliche Momente, die Dich künftig begleiten werden!

_____

_____

_____

_____

_____

_____

Ängste, Gedächtnisse, Gehirn und Bewusstsein

Zum Verständnis und Erkennen der Zusammenhänge zwischen der Aromatherapie, Erinnerungen und meinen Tipps und persönlichen Erfahrungen möchte ich Dir in einfachen Worten ein bisschen von unserem Gehirn und unserem Körpergedächtnis erzählen.

Dieses Wissen, bzw. das Lernen neuer Erkenntnisse rund um unseren Körper, unser Gehirn und unser Bewusstsein, haben mir unter anderem geholfen, wieder das Vertrauen in mich zu finden und mutiger zu werden. Es hat mir auch gezeigt, dass ich für das vermeintliche Nichtfunktionieren, die Angstzustände und die aus dem Nichts kommende Traurigkeit nichts konnte.

Kommen wir also zum heutigen Thema:

Wir unterscheiden verschiedene Gedächtnisse.

Das deklarative oder explizite Gedächtnis speichert alles, worüber wir bewusst berichten können. Es speichert Wissen, Tatsachen und Ereignisse.

Das prozedurale, das implizite Gedächtnis speichert unbewusste Körperabläufe und alles, woran wir uns nicht bewusst erinnern.

Das Körpergedächtnis speichert die Vergangenheit als gegenwärtig wirksam ab und übermittelt uns dies mittels sogenannter somatischer Marker. Als Beispiel könnten hier die Phantomschmerzen genannt werden. Das Körpergedächtnis kann also Erlebnisse mittels somatischen Markers, also körperlicher „Trigger" oder „Symptome" zeigen. Alle inneren Karten sind mit spezifischen Bewertungen markiert, positiv oder negativ.

Ein bekannter portugiesischer Neurowissenschaftler beschäftigt sich unter anderem mit Fragen wie:

- Sind Gehirn, Geist und Bewusstsein ein und dasselbe?
- Lassen sich Geist und Bewusstsein lokalisieren?
- Wie ist unser bewusster Geist mit den Zellen in unserem Gehirn verschaltet?

Aufgrund seiner für jedermann zur Verfügung stehenden Ausführungen verstehe ich es so, dass das Bewusstsein nicht aus einer bestimmten Stelle im Gehirn, sondern gleichzeitig als Produkt dessen vielen Regionen entsteht. Dieses sogenannte Produkt umfasst grundlegende Beiträge des Hirnstammes, die auf ewig an den Körper gebunden sind und nur durch das Zusammenwirken der Großhirnrinde mit den subkortikalen Strukturen[2] entsteht. Bitte beachte die Fußnote zu diesem Satz und Du wirst erkennen, warum ich an dieser Stelle diesen Fachausdruck gewählt habe.

Wie unser Gehirn in etwa funktioniert, und welche Rolle das limbische System dabei hat, möchte ich Dir auf den nachfolgenden Seiten ganz kurz aufzeigen.

Ein normaler Verarbeitungsprozess im Gehirn sieht wie folgt aus:

Der **Thalamus** (Teil des Zwischenhirns) wird das Tor des Bewusstseins genannt und filtert unsere Eindrücke, deren

---

2 Zu den **subkortikalen Strukturen** gehört eine Gruppe sehr unterschiedlicher Formationen im Inneren des Gehirns, unter anderem auch das limbische System.

Bewertung dann in der **Amygdala** vorgenommen wird. Der Thalamus ist der Vermittler zwischen Großhirn und motorischen und sensorischen Nervenenden und schützt uns vor Reizüberflutung.

Die **Amygdala, der Mandelkern,** verarbeitet Ereignisse in Emotionen.

Der **Hippocampus** ist die Schaltzentrale von Kurz- und Langzeitgedächtnis und zuständig für die zeitliche und geografische Zuordnung.

Die Großhirnrinde gilt als Langzeitspeicher und scheint, wie weiter oben gelesen, einen direkten Zusammenhang mit dem Bewusstsein zu haben.

Der **Hypothalamus** (ist wie der Thalamus Teil vom Zwischenhirn) gehört zum limbischen System, welches in der Mitte unseres Gehirns sitzt und Teil des Groß-, Zwischen- und Mittelhirns ist. Der Hypothalamus ist die Schaltzentrale des zentralen Nervensystems (Sympathikus und Parasympathikus). Er reguliert die Körpertemperatur, den Blutdruck, die Nahrungs- und Flüssigkeitsaufnahme. Er ist auch verantwortlich für die Steuerung der Hormone. (Man könnte ihn eben als „Dirigenten des Hormonorchesters" bezeichnen.)

Ebenfalls zum limbischen System gehören:

- Zirbeldrüse, eine kleine endokrine Drüse im Gehirn: Schlaf-Wach-Rhythmus
- Gyrus cinguli: Mitgefühl/Bindungen
- Gyrus parahippocampalis: Erkennen von visuellen Zusammenhängen
- Corpus callosum: Verbindung der beiden Hemisphären (Klein- und Großhirn)
- Fornix cerebri: Speichern von Erlerntem

Das limbische System ist also ein nicht außer Acht zu lassender Teil unseres Gehirns. Beachte bitte dazu noch einmal Kapitel 7 und den Zusammenhang der Aromatherapie und des limbischen Systems. Wenn Du die ätherischen Öle bereits in Deinen Alltag integriert hast, konntest Du bestimmt spüren, welche Kraft und Wirkung diese Geschenke aus der Natur haben können.

Kommen wir zum Mittelhirn, welches mehrere Aufgaben hat. Es ist zuständig für die Augen, bzw. die Augenmuskulatur. Es ist das wichtige Schaltzentrum zwischen verschiedenen Nervenbahnen und leitet Informationen und Reize über das Rückenmark und über das Zwischenhirn an das Großhirn weiter und umgekehrt – das Mittelhirn ist somit verantwortlich für die Motorik! Auch Reize, die von den Ohren und Augen aufgenommen werden, gelangen zuerst ins Mittelhirn, von wo aus sie in die Großhirnrinde weitergeleitet und verarbeitet werden.

Der Paläocortex (das **Riechhirn**) gehört zum Großhirn, welches 85 % unseres Gehirns einnimmt. **Der Paläocortex ist für die olfaktorische Wahrnehmung zuständig**. Er sorgt dafür, dass Geruchsinformationen im Gegensatz zu anderen Sinneseindrücken direkt zur Hirnrinde geleitet werden und es keine Signalumschaltung im Thalamus gibt.

Erinnere Dich: Nach dem Thalamus, der Eindrücke filtert, folgt die Bewertung durch die Amygdala – voilà! Deshalb kann die Aromatherapie sehr wertvolle Dienste leisten.

Die Funktion des Kleinhirns ist unbewusst. Wir können es also nicht bewusst ansteuern. Dazu gehören unter anderem das Gleichgewicht, die Koordination der Bewegungen und die Sprache.

Wenn Du Dich näher mit unserem Gehirn auseinandersetzen möchtest, gibt es unzählige Bücher, oder Beiträge im Netz. Ich möchte Dir einfach einmal mehr, wenn auch in einer Kurzfassung, aufzeigen, was für ein Wunderwerk unser Körper doch ist.

Ach ja ... Bevor ich es vergesse:

Es gibt da noch das zweite Hirn, das Bauchhirn, im Englischen bekannt als „second brain". Dazu möchte ich gerne auch noch ein paar wenige Zeilen notieren:

Das enterische Nervensystem ist neben dem Sympathikus und Parasympathikus der dritte Teil des peripheren Nervensystems. Das enterische Nervensystem, also eben das Bauchhirn, ist ähnlich aufgebaut wie unser Gehirn. Es hat allerdings fünf Mal so viele Neuronen[3] wie das Rückenmark und reicht von der Speiseröhre bis zum Enddarm. Es arbeitet unabhängig von den anderen Nervensystemen.

Einfach erstaunlich, nicht?

Jetzt wo Du einen kleinen Abriss über unser Gehirn gelesen hast, weißt Du auch, warum und dass Du auf vieles keinen direkten Einfluss nehmen kannst. Du weißt jetzt auch, dass es die Amygdala ist, die Ereignisse verarbeitet. Beachte dazu bitte:

Ereignisse sind nicht Erlebnisse.
Ereignisse werden mit Deiner emotionalen Bewertung zu Erlebnissen!

Was glaubst Du, auf welcher Grundlage die Amygdala ein Ereignis bewertet, bzw. im limbischen System abspeichert? Die **Bewertung** der Amygdala findet aufgrund der **Reaktion**, die WIR auf ein Ereignis haben, statt.

Und weißt Du was? Du kannst nichts ungeschehen machen. **Alle Prägungen** sind im limbischen System abgespeichert

---

3 Neuronen = Nervenzellen = Zellkörper und Fortsätze, die Reize weiterleiten.

und kennen **kein Zeitgefühl.** Unser Verstand, der sich die letzten Tage wahrscheinlich noch viel mehr als sonst gemeldet hat, kann diese sogenannte Festplatte nicht verändern. Denn wir kennen ja den Inhalt nicht und können nicht erahnen, wie und aufgrund welcher Bewertung Vergangenes abgespeichert wurde.

Die gute Nachricht: Weil unser Gehirn neuroplastisch ist, kann es Dir aber gelingen, neue Datensätze hinzuzufügen. Und da sind wir wieder bei neuen Gewohnheiten und Bewertungen. Liebe, Dankbarkeit und Freude – also positive Erlebnisse – bringen positive Emotionen, usw. ...

Ganz wichtig zu wissen und für mich der wichtigste Grund für meine Arbeit und dieses Buch:

Unser Gehirn ist neuroplastisch – es kann IMMER NEU lernen!

Und weil diese Tatsache zeigt, dass wir unserem Gehirn neue Datensätze hinzufügen können, bin ich ein großer Fan der Gegenwart. Es nützt mir nichts, wenn ich in der Vergangenheit hänge, wenn diese mich an negative und schwere Zeiten erinnert. Ich kann nichts mehr ändern ... Deshalb versuche ich, meinen Fokus nur noch auf das HIER und JETZT zu richten und im Moment zu leben. In der Zukunft verweile ich höchstens mit Visionen und aus der Vergangenheit sind es schöne Erinnerungen, die mir an gefühlt trüben Tagen ein Lächeln ins Gesicht zaubern sollen.

Ich erzähle Dir all das, damit Du ab sofort mehr Verständnis für Dich und Deine vielleicht gerade aktuelle Situation hast. Sei geduldig und liebevoll mit Dir!

Alles, was Du über die Jahre er- und gelebt hast, ist noch immer in irgendeiner Form in Dir und Du kannst gewisse Handlungen und Denkweisen nicht immer unter Kontrolle haben.

Deshalb möchte ich Dich heute erneut ermutigen, an Dich zu glauben und an Dir zu arbeiten.

Du hast die Kraft, neue Datensätze mit den entsprechenden Emotionen in Form von neuen Erlebnissen und Handlungen zu Deinem Leben und somit auch Deinem Gehirn hinzuzufügen.

Und nun noch ganz kurz zum Thema „Ängste" und Deiner Gedankenstimme, Deinem Verstand, Deinem inneren Kritiker, Deinem Ego, oder wie auch immer Du sie/ihn nennen möchtest.

Diese Stimme meldet sich den ganzen Tag und ist in der Folge auch für unsere Bewertung zuständig. Auch diese Stimme wollen wir mit den Dankbarkeitsübungen und Achtsamkeit im Alltag immer leiser und weniger präsent werden lassen.

Ehrlicherweise möchte ich Dir auch sagen, dass mehr Lebensfreude und Leichtigkeit Dir gewisse Ängste (noch) nicht nehmen können. Denn auch diese Emotionen, die an bewusste oder unbewusste Erlebnisse geknüpft sind, sind logischerweise in unserem Gehirn gespeichert. Es können sich sogar somatische Marker melden und sich mit vermeintlich körperlichen Beschwerden zeigen. Aber ich weiß, dass unsere Übungen und die Lebensfreude Dein Wohlbefinden und Deinen Mut stärken können!

Vielleicht hast Du auch schon die Aussage „Du musst Dich Deinen Ängsten stellen" gehört?

Dieser Aufforderung bzw. Aussage stimme ich persönlich ein Stück weit zu und kann das aus persönlicher Erfahrung auch bestätigen ... Allerdings bin ich der Meinung, dass man sich Unsicherheiten oder gar Ängsten immer nur dosiert stellen sollte. Also Schritt für Schritt und immer im Bereich des aktuell Machbaren. Denn ... Es sollen sich ja Glücksgefühle einstellen und die können nur entstehen, wenn eine vermeintlich herausfordernde Situation gemeistert werden konnte. Genau dann, und nur dann, können auch Gefühle der Dankbarkeit aus tiefstem Herzen entstehen.

Übrigens … Es ist mir absolut klar, dass ich mich in diesem Kapitel mehrmals wiederholt habe. Weil aber diese Zusammenhänge unseres Gehirns und Nervensystems für mich zu so vielen Erkenntnissen führten, möchte ich es einfach immer und immer wieder betonen. Dieses für mich neue Wissen hat mir derart geholfen, meine emotionale Verfassung aus einer neuen Perspektive zu betrachten. Die Erleichterung in Zusammenhang mit der Erkenntnis, dass ich „nichts für meine Ängste konnte", war so groß und hat mich wirklich wieder an mich glauben und weitermachen lassen.

Deshalb möchte ich auch zu diesem Kapitel meine persönliche Erfahrung mit Ängsten und dem Hinzufügen von neuen Datensätzen mit Dir teilen. Selbstverständlich sind auch meine Erfahrungen mit der Aromatherapie mit dabei:

Die vermeintlich vergessenen Erinnerungen und Prägungen, aus denen scheinbar Ängste wurden, haben sich anfangs immer und immer wieder auf der körperlichen, wie auch auf der emotionalen Ebene ohne Zusammenhang in irgendeiner Form gezeigt.

Ja, ich hatte plötzlich viele Ängste und konnte es kaum verstehen, obwohl ich doch so sehr an mir arbeitete, medizinisch und körperlich als gesund galt – das war nicht einfach … Denn ich spürte nach meiner Genesung wieder Energie im Körper und wollte einfach losgehen und mein altes Leben zurückhaben.

Stattdessen durfte ich zu meinem Erstaunen – abgesehen von den Konzentrationsschwierigkeiten bei den wenigen Stunden Arbeit – auch wieder lernen, zwei Dinge gleichzeitig zu verrichten. Ich konnte nicht mehr unbeschwert Auto fahren, weil ich nie wusste, „was kommt". Logischerweise wurde dann auch ein Einkauf im Alleingang zu einer Lotterie und ich ängstigte mich schon, bevor ich den Laden betrat. Lange Spaziergänge existierten nur noch in meinen Träumen und während einer Mahlzeit konnte ich mich nicht gleichzeitig auch noch mit der Familie unterhalten …

Mein Gehirn hat zum einen viele unschöne Ereignisse während meiner Krankheit abgespeichert und verinnerlicht, und zum anderen funktionierte das normalerweise aufeinander abgestimmte Zusammenspiel im vegetativen Nervensystem (noch) nicht. In der Folge konnte auch das enterische Nervensystem, welches vom Sympathikus und Parasympathikus direkt beeinflusst wird, nicht optimal funktionieren. Diese Disharmonie hat sich nicht nur mental, sondern logischerweise auch mit körperlichen „Symptomen" zu den unterschiedlichsten Zeiten gezeigt …

Um das Ganze noch zu präzisieren: Ich durfte nicht lernen, wieder zwei Dinge gleichzeitig zu verrichten, sondern lernen, zu akzeptieren, dass diese Unstimmigkeit im Nervensystem und meinem Hormonhaushalt einfach Fakt und die Folge der vergangenen Jahre ist. Ich wurde also „gezwungen", die Situation anzunehmen und zu lernen, damit umzugehen.

Ich möchte hier nicht jammern, sondern einfach auch ehrlich sein. Es gibt bestimmt nicht DIE Lösung, aber geteiltes Leid ist oftmals auch halbes Leid und Glück ist das Einzige, das sich verdoppelt, wenn man es teilt. So schreibe ich also weiter und wünsche mir von Herzen, dass auch Du Geduld und Durchhaltevermögen aufbringen wirst auf Deinem Weg zur Veränderung, oder zurück in Deine Kraft.

Ich kann mich daran erinnern, als ich zum allerersten Mal nach tatsächlich über einem Jahr wieder ganz allein mit dem Auto in das Lebensmittelgeschäft in unserem Ort fuhr. Es ist lediglich ein paar hundert Meter von unserem Zuhause entfernt. Ich wollte einen Kuchen backen und es fehlten mir die nötigen Zutaten. Bevor ich das Haus verließ, saß ich mit einer Flasche ätherischen Wildorangenöls auf der Couch und nahm ein paar tiefe Atemzüge. Ich versetzte meinen Körper in einen entspannten und wohligen Zustand. So lief ich also für diesen kleinen Einkauf zielstrebig durch die Regale, nach dem

Motto: „Jede angstfreie Minute ist kostbar.“ An der Kasse dann eine lange Menschenschlange und siehe da: Endlich, nach mehreren gescheiterten Versuchen, zeigte mein Körper keine Schwäche in Form von Schwindel, Herzrasen, Kurzatmigkeit oder Schweißausbrüchen. Tränen der Freude und Erleichterung liefen mir auf der Heimfahrt übers Gesicht und ich war unendlich dankbar für diesen ersten unbeschwerten gemeisterten kleinen Einkauf.

Schritt für Schritt kam ich an mein Ziel. Damit ich auch beim Einkaufen wieder Vertrauen fassen konnte, ging ich natürlich noch für etwa gefühlte zehn weitere kleine Einkäufe in dieses Geschäft, bis ich mich dann ein paar Meter weiter in einen größeren Einkaufsladen traute. Bis dahin – und dann und wann auch heute noch – war bzw. bin ich unendlich dankbar, dass große Ladenketten einen Lieferservice anbieten und ich den Großeinkauf über mein Tablet erledigen kann.

Die Aromatherapie ist, wie Du inzwischen weißt, eine für mich unverzichtbare Unterstützung geworden. Ich wiederhole mich auch hier wieder, ich weiß … Es führt kein Weg am limbischen System vorbei! Alle Prägungen sind dort abgespeichert und kennen kein Zeitgefühl! Und: Wir können uns nachweislich auch kurzfristig unterstützen, indem wir ätherische Öle über die Nase einatmen.

Zusammenfassend und abschließend zu diesem Kapitel eine weitere Veranschaulichung, warum die Aromatherapie unsere emotionale Gesundheit wertvoll unterstützen kann:

Schau Dir den Ablauf im Körper an, wenn Du ein ätherisches Öl über die Nase einatmest:

Nasenhöhle – Olfaktorisches System – **Gehirn** – Blutkreislauf – Stoffwechsel – Ausscheidung

Wenn Du nicht mehr sicher bist, was das olfaktorische System ist, gehe noch einmal zum Anfang dieses Kapitels, oder frage Dich durchs Netz.

Bevor ich nun zum nächsten Kapitel übergehe, ein paar kurze Erinnerungen:

- Bitte denke abends an Deinen Gegenstand und bedanke Dich für Deinen schönsten Moment des Tages.
- Sieh Dir immer wieder Dein Visionsboard oder Deine Notizen an und füge, wann immer möglich, neue Träume, Wünsche und Ziele hinzu.
- Verbringe Deine freie Zeit möglichst oft mit Dingen, die Dich erfüllen und Dich auf Deinem Weg weiterbringen.
- Nimm Dein oder Deine Zeichen im Alltag wahr, wenn Du sie brauchst, und erfreue Dich an der Magie, die der Tag für Dich bereithält!

Da drängt sich mir noch eine Frage auf … Hast Du Deinen Medienkonsum schon auf das für Dich mögliche Minimum beschränkt?

Ich finde es manchmal ziemlich erschreckend, wenn mein Handy mir wöchentlich meine Bildschirmzeit zeigt. Aber ich deaktiviere diesen Dienst absichtlich nicht. Es macht mich stolz, wenn sich die gezeigte Zeit in „meinem Rahmen" bewegt und lässt mich, sollte es nicht so sein, wieder etwas achtsamer werden.

Zudem habe ich so manche Fernsehsendung durch andere Tätigkeiten, wie beispielsweise Schreiben, Gespräche, Telefonate oder Treffen mit Familie und Freunden ersetzt.

Nun wünsche ich Dir auch morgen einen guten Start in den Tag, optional mit dem Öl des Basilikums, und stimmungsaufhellende und ausgleichende Momente mit der wilden Orange.

Und vielleicht überraschst Du morgen Dein Umfeld und machst einem Menschen ein ehrlich gemeintes Kompliment.

TAG 14

Erinnerungen

Du hast im letzten Kapitel die groben Zusammenhänge und einen kleinen Einblick in unsere/e Gehirn/e bekommen. Ich hoffe, dass Du Dich anschließend nicht zu sehr mit vergangenen Ereignissen beschäftigt hast.

Wir können nämlich nicht wissen, warum etwas ist, wie es ist oder einmal war. Das Beste, was Du meiner Meinung nach tun kannst, ist, Dinge einfach anzunehmen. Und weiterhin darauf zu achten, wie Deine Reaktion bzw. Bewertung auf eine vergangene oder aktuelle Situation ausfällt. Wenn Du bereit bist, zu akzeptieren, die positiven Aspekte zu finden, nach vorne zu schauen und Du einer Situation somit eine Chance gibst, hast Du nach diesem Kapitel erste Tools in der Hand, um Deine Gedanken und Emotionen wieder in eine andere Richtung zu lenken.

Ich bin überzeugt, dass ich mit dem Hinzufügen von neuen Datensätzen und neuen Gewohnheiten wieder in meine Kraft gekommen bin. Ich bin auch sicher, dass ich heute nicht da wäre, wo ich bin, wenn ich immer wieder „meine Wunden" geöffnet hätte. Selbstverständlich gehört meine Vergangenheit zu meinem Leben und sie ist auch nicht vergessen. Heute kann ich einfach viel besser damit umgehen, bin wieder mutiger und durch mein Training werde ich nur noch selten an die leidvolle Zeit der Krankheit erinnert.

Für mich sind Emotionen der Liebe und Dankbarkeit sowie die daraus resultierende Freude, Neues und schöne Erlebnisse der Schlüssel für eine Veränderung bis hin zu Vertrauen, mehr Lebensfreude und Leichtigkeit.

Du solltest selbstverständlich Vergangenes oder unangenehme Situationen auch nicht einfach schönreden oder verdrängen. Es geht vielmehr darum, wann immer es Dir möglich ist, Deinen Fokus auf das JETZT und das Positive zu richten. Und manchmal ist eine professionelle Unterstützung unumgänglich und notwendig. Wobei Liebe und Dankbarkeit, optional kombiniert mit der Aromatherapie, auch in diesem Falle eine wertvolle begleitende Unterstützung bieten können.

Kommen wir zum heutigen Thema, zu den Erinnerungen, die ja nicht immer unangenehm sind. Im Gegenteil: Die positiven und schönen Erinnerungen sind auch wieder tolle Anker, die uns in eine liebevolle oder dankbare Energie versetzen können. Und Du weißt ja nun, dass unser Gehirn bezüglich der Emotionen nicht unterscheiden kann, ob diese nun gerade aus aktuellem Anlass, aus Vergangenem, oder Plänen der Zukunft entstehen. Eigentlich genial, oder nicht?

Mein Tipp: Wenn Du schlecht gelaunt, traurig, verunsichert bist, oder Zweifel hast, dann gehe in Gedanken zu einem absolut glücklichen, freudigen Ereignis und Du wirst merken, dass **in diesem Augenblick** kein Platz mehr für Negativität, Wut, Zweifel, oder Pessimismus bleibt. Du kannst auch, wie im ersten Kapitel erwähnt, an einen Lottogewinn denken und Pläne schmieden, was Du damit machen wirst. Ich bin gespannt, ob Du bereits erkannt hast, wie sich Deine emotionale Verfassung dadurch verändern kann.

„Die schönsten Momente im Leben sind die,
die Dir beim Nachdenken ein Lächeln schenken."
Unbekannt

Gerade dieser Tage habe ich in einem Fotoalbum aus dem Jahre 2013 geblättert. Ich begleitete meine Freundin für eine Woche nach New York. Wir hatten diese Reise schon ein Jahr zuvor anlässlich ihres runden Geburtstages geplant. Aufgrund meiner EBV-Infektion haben wir diesen Städtetrip dann um ein Jahr verschoben. Ich fühlte mich noch nicht wieder gesund, dachte aber, das Gröbste hinter mir zu haben. Zum Glück weiß man nie, was kommen mag ... Wir verbrachten eine schöne Woche in dieser eindrücklichen Stadt und meine Freundin gönnte mir täglich meine Ruhepausen. Außer für die beiden Musicals „Mamma Mia" und „Das Dschungelbuch" haben wir unser Hotelzimmer abends nie verlassen, weil ich einfach schnell erschöpft war und relativ viel Schlaf brauchte. Auch tagsüber überkamen mich immer wieder Schwindel- und Müdigkeitsgefühle.

Es geschah in einem „Bling Bling"-Laden mit lauter Schmuck und Accessoires, als mir zum ersten Mal bewusst wurde, wie ich durch Begeisterung meine Beschwerden völlig vergessen konnte. Bevor ich diesen Laden betrat, fühlte ich mich so schwach und wusste nicht, ob ich den Weg zum Hotel noch zu Fuß schaffen würde. Und dann stand ich da vor diesem Geschäft und war hin und weg. Natürlich kaufte ich mir auch das ein oder andere Accessoire und hatte im Anschluss einen richtigen Energieschub. Ich schaue mir dieses Bild inmitten von Glitzer und Accessoires auch heute noch sehr gerne an. Meine Freundin hat das Foto genau in dem Moment der Freude geschossen, als ich gerade meine Arme und Hände hochhielt.

Und passend an dieser Stelle möchte ich erneut die Möglichkeiten der Aromatherapie erwähnen.

Wenn Du während Deiner Gedanken an ein glückliches Erlebnis oder bei Deiner Lieblingsbeschäftigung auch noch einen Dich ansprechenden Duft dazunimmst und einen sogenannten Duftanker setzt, wird Dein Gehirn sich an diesen Duft erinnern und die Verknüpfung zu den glücklichen Emotionen herstellen.

Deshalb kann Dein Körper bzw. Dein Gehirn vor oder während einer beispielsweise herausfordernden Situation durch die „Rückkoppelung" des Duftes und die damit verbundene Emotion lernen, entspannt zu bleiben.

Wenn Du die ätherischen Öle nicht magst, dann denke wie oben beschrieben an ein schönes, freudiges Erlebnis, oder tue etwas, was Du liebst, damit Du spüren kannst, dass weder Unsicherheit noch Anspannung ihren Platz finden, weil Du einfach glücklich bist. Du wirst dann keinen Duftanker haben, sondern einfach die freudige Erinnerung, damit auch Du Deine Emotionen ändern kannst, wenn Du Dich einer gefühlt unangenehmen oder herausfordernden Situation stellen wirst.

Wenn ich an einem Fläschlein mit Zitronenöl rieche, dann geht mir einfach das Herz auf. Das kommt daher, weil es mich logischerweise an abgeriebene Zitronenschalen erinnert. Tja, das ätherische Öl der Zitrone wird ja auch kaltgepresst aus der Schale der Zitrusfrucht. Ich reibe Zitronenschale beim Backen eines Karottenkuchens oder von Weihnachtsgebäck. Mein Gehirn verknüpft somit den Duft mit Kindergeburtstag, Lachen, Liebe, Freude und unendlicher Dankbarkeit! Genauso beim Backen von Weihnachtsgebäck … Adventszeit, Weihnachten steht vor der Tür, strahlende Kinderaugen, Besinnlichkeit, Familie, Beisammensein … Da kommen bei mir automatisch Glücksgefühle auf. Das ätherische Zitronenöl hilft mir nicht nur dabei, in eine liebevolle, freudige Stimmung zu kommen, sondern die Eigenschaften dieses Öls helfen mir auch, meinen Fokus zu halten und mich zu beruhigen. In der Folge kann die Wirkung dieser aromatischen Aufnahme des Zitronenöls dann auch für einen Energieschub sorgen.

Bitte erinnere Dich immer wieder:

Halte Deinen Fokus auf den Moment, die Gegenwart. Du kannst nur ängstliche, unsichere oder negative Emotionen hervorrufen, wenn Du mit Deinen Gedanken in der Vergangenheit oder in der Zukunft bist.

Die einzige Ausnahme für negative Erinnerungen sollte dann sein, wenn Du Erlebtes aufschreibst und Dir anschließend mindestens zehn Dinge notierst, die an dieser erlebten, vermeintlich negativen Situation gut waren.

Du kennst diese Übung und sie wird Dich dabei unterstützen, eine andere Sichtweise nicht nur auf ein aktuelles Thema, sondern auch auf Vergangenes zu haben. Also, nimm ein Blatt Papier, wenn Du gerade über etwas grübelst, und mach Dir Deine Notizen. Lies sie anschließend noch einmal durch und bedanke Dich für all die vielen positiven Dinge, die diese Situation oder das Erlebte für Dich bereitgehalten hat.

Wie Du erkennen wirst, können Deine eher negativen Erinnerungen in der Tat auch sehr wertvoll sein, obwohl wir in der Persönlichkeitsentwicklung und auch in meinen Zeilen immer wieder über das JETZT und die Gegenwart „stolpern".

Allerdings bin ich überzeugt, dass Deine Gedanken immer weniger in unangenehmen Situationen aus der Vergangenheit verweilen werden, weil Du Liebe und Dankbarkeit trainierst, achtsamer durch den Tag gehst und schon viele neue Erfahrungen gemacht hast.

Mir persönlich hat die Übung mit dem Notieren von positiven Dingen, die aus negativen Situationen hervorgegangen sind, vor allem dabei geholfen, mehr Vertrauen zu fassen. Darauf zu vertrauen, dass alles, was geschieht, IMMER für mich ist und immer gute und lehrreiche Aspekte hat. Du hast bereits gelesen, dass ich schon viele Listen geschrieben habe ... Nicht nur zu aktuellen unangenehmen Situationen, sondern auch zu Geschehnissen aus der Vergangenheit. Heute kann ich schmunzeln und habe auch erkannt, dass genau die unangenehmen Abschnitte mich immer wieder ein Stück weitergebracht haben. Selbst während der Phase meiner Krankheit gab es Momente, in denen es mir gefühlt noch schlechter ging. Auch das hatte seinen Platz und sollte rückblickend so sein.

*Heute suche ich sofort nach einem positiven Aspekt in einer ver-
meintlich negativen Situation. Das tue ich, bevor ich mich ärgere,
traurig oder verletzt bin.*

Erinnere Dich und achte auf die Emotionen während eines Er-
eignisses ... Du kannst aufbrausen oder Dich ärgern. Du kannst
aber auch kurz innehalten, innerhalb von Sekunden nach einem
positiven Grund für das Geschehene suchen und die Bewertung
kann automatisch und umgehend anders ausfallen.

Nun aber vom Heute wieder zurück zu den Erinnerungen ... Alles ist miteinander verbunden. Du kannst diese Übung mit den
Erinnerungen auch noch ausweiten und anstelle der Liste einen
Brief an eine vergangene Situation schreiben. Bedanke Dich für
alles, was sie Dich gelehrt hat und übergib die Zeilen dem Universum. Du kannst das Papier verbrennen und mit dem aufsteigenden Rauch Abschied nehmen, und spüren, wie Leichtigkeit
wieder mehr Raum bekommt.

*Ich kann Dir sagen: Ich bin mir so komisch vorgekommen, als ich
das mit dem Schreiben und anschließenden Verbrennen zum ersten Mal praktiziert habe ... Ich habe gewartet, bis es dunkel wird,
und dann sollte es noch ein Abend sein, an dem ich allein zu Hause bin ... In der Hoffnung, dass mich niemand sieht ... Es gibt immer ein erstes Mal. Heute gehe ich auch tagsüber nach draußen zu
meiner Edelstahlschüssel, die dann und wann zum Einsatz kommt,
wenn ich einen Brief in ihr verbrenne und den aufsteigenden Rauch
beobachte und mich von Vergangenem, oder einem „Problem", ver-
abschiede ...*

Hab Vertrauen, glaub an Dich und nimm vom heutigen Tag mit,
was sich für Dich in diesem Moment gut anfühlt!

Liebe und Dankbarkeit an jedem Tag

Wie ist es Dir nach dem Lesen des gestrigen Kapitels ergangen? Hast Du zehn positive Dinge erkannt, für die Du dankbar sein kannst, trotz einer vergangenen, vorerst unangenehmen Situation?

Vielleicht liest Du dieses Buch auch einfach Seite für Seite durch und hast noch gar nicht begonnen, Gelesenes in die Praxis umzusetzen. Sollte dem so sein, möchte ich Dich heute ermutigen, einfach einmal mit der Dankbarkeitsübung am Abend zu starten.

Ich kann hier noch so vieles erzählen und Erfahrungen mit Dir teilen, wenn Du nicht ins Handeln kommst, dann kann und wird sich gar nichts verändern. Du solltest schon ERLEBEN, was möglich ist, denn nur das ERLEBEN macht Lust auf mehr und lässt Dich dranbleiben und erreichte Zwischenziele oder Erfolge feiern.

Wenn Du die letzten Tage schon ein paar Übungen oder Tipps für Dich ausprobiert und übernommen hast, konntest Du bestimmt feststellen, dass sich Deine Wahrnehmung bereits verändert hat. Oder Du bist einfach dankbar, dass Du jeden Tag neu beginnen und Deine Emotionen oder Deine Reaktionen, die mit einem Ereignis verbunden sind, verändern kannst.

Damit das so bleibt und Du eine nachhaltige Veränderung erzielen kannst, ist es wichtig, dass Du weiterhin täglich Liebe und Dankbarkeit praktizierst. Du weißt jetzt, dass Dankbarkeit allein nicht ausreicht – Du brauchst die entsprechenden Gefühle, die Emotionen dazu. Deshalb trainieren wir die Gefühle der Liebe und Dankbarkeit auch täglich, bis sie Dich ganz automatisch in Deinem Alltag begleiten.

Der Zeitaufwand für die meisten empfohlenen neuen Gewohnheiten ist ja nun wirklich gering. Ich mag es auch gerne einfach, effizient und effektiv. Deshalb lassen sich meine Tipps erfahrungsgemäß und tatsächlich in alltägliche Routinen einbauen.

Es ist übrigens erwiesen, dass es für unser Gehirn viel einfacher ist, etwas Neues in unseren Alltag zu integrieren, wenn wir es mit etwas Bestehendem kombinieren oder verbinden. Ja und dann braucht es lediglich ein bisschen Mut, den Willen, täglich daran zu denken und natürlich wie alles Neue im Leben: ein bisschen Übung und Durchhaltevermögen.

Also, bleibe dran und setze folgende mögliche Gewohnheiten täglich um:

- Nimm jeden Abend Deinen Gegenstand in Die Hände und bedanke Dich für den schönsten Moment des Tages, während Du optional die Ölmischung auf Deinen Pulspunkt aufträgst und ein paar Atemzüge nimmst.
- Baue eine Morgenroutine ein, optional mit dem Öl des Basilikums oder Deiner Wahl.
- Praktiziere eine bewusste Körperpflege mit verbundener Dankbarkeit.
- Mache jeden Tag ein Tänzchen, oder höre Deine Lieblingsmusik und bewege Dich mindestens zwanzig Minuten an der frischen Luft oder beim Sport.
- Schränke Deinen Medienkonsum ein und nutze die gewonnene freie Zeit für DICH und mit Dingen, die Du liebst und die Dich glücklich machen.
- Gönne Dir täglich zwei bis drei Pausen mit Dir und liebevollen Gedanken und Bildern, optional mit dem Öl der Wildorange oder mit einem Dich ansprechenden ätherischen Öl.

Und dann wären da noch weitere Möglichkeiten, die bei Bedarf immer wieder in Deinen Alltag eingebaut werden können:

- Notiere Deine Glücksmomente in einem Tagebuch, oder fülle ein schönes Gefäß mit diesen festgehaltenen Momenten.
- Du hast ein Symbol, eine Farbe und bist aus tiefstem Herzen dankbar, motiviert und glücklich, wenn es oder sie sich Dir zeigt … Kreiere für Dich magische Momente …
- Du trennst Dich von Dingen, die Du nicht mehr brauchst und hast bereits eine Schublade, Deine Garage oder Deinen Kleiderschrank aus-, auf-, oder umgeräumt, damit Platz für Neues entstehen kann.
- Du hast schon mindestens eine Liste mit rund zehn Dingen, die an einer für Dich negativen oder unangenehmen vergangenen Situation gut sind.

Rufe Dir immer wieder in Erinnerung, WARUM Du mindestens ein Ziel und Deinen Traum verfolgen möchtest.

Ich hoffe, Du hast auch eine bunte Collage oder ein Visionsboard erstellt und freust Dich täglich über Dein Kunstwerk. Auch das ist ein wichtiger Bestandteil dieser 30 Tage. Wenn Du Dein WARUM kennst und die ersten Schritte in Richtung Deiner Ziele gehst, kannst Du Dich jeden Tag ein bisschen mehr in das Gewünschte hineinfühlen.

Hast Du schon einen Menschen überrascht, oder eine/n frühere/n Bekannte/n angerufen und Dich für sein/ihr Sein bedankt? Ehrliche, kleine Aufmerksamkeiten für unsere Lieben oder Mitmenschen sind einfach wertvolle Möglichkeiten, auch sich selbst Gutes zu tun.

Es ist mir absolut klar, dass das schon ganz schön viel sein kann und wahrscheinlich findet auch noch nicht alles Platz in Deinem Alltag. Du musst auch nicht mit Vollgas alles umsetzen. Du solltest Dich auch stets wohlfühlen und Dich nicht unter Druck setzen – ganz wichtig!

Als ich mich zum ersten Mal für eine 30-Tage-Challenge angemeldet und teilgenommen habe, war ich nach rund zwei Wochen ziemlich erschöpft und entmutigt.

Ich habe die Kleinigkeiten, die sich in zwei Wochen schon verändert oder gezeigt haben, gar nicht wahrgenommen. Ich suchte nach dem „Großen", weil ich schließlich meine Ziele und Träume gemäß den Vorgaben notiert hatte.

Rückblickend weiß ich, dass mir damals zum einen noch das WARUM gefehlt hatte, und zum anderen nahm ich einfach daran teil, in der Hoffnung, dass der Kurs es schon richten würde. Heute weiß ich, dass die entsprechenden EMOTIONEN und das WARUM eine große Bedeutung haben und enorm wichtig sind für eine Veränderung, die nötige Motivation und das Durchhaltevermögen.

Ich brach also diese Challenge nach zwei Wochen ab und startete noch einmal allein für mich bei Tag 1. So behielt ich dann jede Übung, die mich angesprochen hatte und die einfach umzusetzen war, über ein paar Tage bei, bis ich sie verinnerlicht hatte. Manche Übungen dauerten etwas länger und manche waren in sich selbst für den Moment abgeschlossen. So hat dieser erste Kurs in der „Enjoy this Life"-Community etwa vier Mal so lange gedauert wie geplant. Okay, dafür sitzen meine neuen Routinen, die mir gefallen haben, bis heute und finden sich, teilweise in abgeänderter Form, auch in diesem Buch wieder. Selbstverständlich frische ich immer das ein oder andere auf, lerne Neues dazu und lasse Vergangenes weg, je nach Bedarf und Situation …

Meine ersten fixen Routinen, die wirklich bis heute noch fester Bestandteil meiner Tage sind, waren die Dankbarkeit am Morgen und am Abend. Sowie Pausen mit mir – einfach damals noch ohne Öle. Ein paar Minuten mit mir, den Kopfhörern und einem tollen Lied, einer geführten Meditation, einem Spaziergang oder mit Notizen und Zeichnungen für mein Visionsboard.

In solchen Momenten habe ich immer die Zeit vergessen und verspürte keine Schmerzen, keine Sorgen und Ängste. Genau ... Als ich das erneut erkannt habe, war es eigentlich gar nicht mehr so schwierig, Zeit mit mir oder Dingen, die mir Freude bereiten, zu verbringen.

Ich werde das Thema Zeit vergessen im Laufe der nächsten Kapitel noch einmal aufgreifen. Du wirst dann wissen, was ich meine, weil es Dir bestimmt in schon so vielen Situationen unbewusst ähnlich ergangen ist.

Als dann die Öle in mein Leben kamen, sah meine Morgenroutine mit dem Öl des Basilikums, oder einer erneuernden Mischung, so aus, dass ich mich immer nach der Morgentoilette vor den Spiegel gestellt und mir gesagt habe, dass ich mich von Tag zu Tag besser fühle. Ich spürte die Dankbarkeit für das Öl, das mich mit seinen Eigenschaften unterstützen und an diesem Tag begleiten würde. Ich konnte mich zu diesem Zeitpunkt noch nicht für meinen Körper bedanken, weil er ja aus meiner Sicht nicht wirklich funktionierte. Oder zumindest nicht so, wie ich es mir wünschte ... Damit dieses Morgenritual der Dankbarkeit auch funktionierte, wollte ich mich also schon für etwas bedanken, das ich auch ehrlich empfinden konnte. So gilt mein Dank auch heute noch täglich den ätherischen Ölen, die in mein Leben gekommen sind und mich bei meinem Morgenritual begleiten.

Die Pausen mit einem ansprechenden Musikstück, einem Foto oder meinen Notizen aus vergangenen Glücksmomenten werden heute mit dem Duft der Wildorange, oder einem anderen mich ansprechenden ätherischen Öl unterstützt. Am Abend trage ich mir ein, zwei Tropfen Lavendelöl auf die Fußsohlen auf und atme den Duft aus meinen Händen, während ich an den Tag zurückdenke, mein Tagebuch fülle oder zumindest meinen Stein in der Hand halte.

Alle anderen Übungen sind einfach in mein tägliches Handeln überge-
gangen, sei es ein Tänzchen mit Gesang, das Notieren meiner Glücks-
momente, spontane Anrufe bei Nachbarn, Freunden, oder Bekann-
ten ... sodass sich meine Einstellung und der Umgang mit gewissen
Situationen und Ereignissen komplett verändert hat.

Selbstverständlich gibt es auch bei mir Ausnahmen und ich ärge-
re mich ab und zu für einen klitzekleinen Moment, oder ich hüpfe
dann und wann nur kurz in die Dusche, creme mich nicht ein und
renne lediglich, wenn überhaupt, mit einem Öl im Nacken und an
den Pulsstellen aus dem Haus ... Dies einfach so am Rande zur In-
formation und Relativierung ... Natürlich bin ich auch dann und
wann mit meinen Gedanken in der Zukunft. Vor allem, wenn es
um meine Liebsten geht ... Auch das darf seinen Platz haben. Heu-
te verurteile ich mich nicht mehr dafür und weiß jetzt, dass ich ein-
fach ins Handeln kommen sollte, um mich von kreisenden Gedan-
ken und Sorgen zu befreien.

Wenn Du manchmal das Gefühl hast, dass Dein Tun (noch)
nichts verändert hat – bleib bitte dran, mach weiter. Denn ich
kann Dir wirklich aufgrund meiner persönlichen Erfahrungen
bestätigen, dass es sich lohnt.

Was hat sich bei Dir bereits verändert?

_____

_____

_____

_____

_____

_____

Notiere Dir hier gerne Deine Glücksmomente der letzten Tage:

_____

_____

_____

_____

_____

_____

_____

_____

_____

_____

_____

_____

_____

_____

_____

_____

_____

Achtsamkeit und Loslassen

Die Achtsamkeit war in den letzten Kapiteln bereits mehrfach ein Thema, welches ich erst am Rande erwähnt habe. Weil Achtsamkeit meiner Meinung nach sehr wichtig ist für die erforderliche Ausgeglichenheit, möchte ich heute noch einmal näher darauf eingehen.

Achtsamkeit bedeutet eigentlich nichts anderes als **Aufmerksamkeit**. Für die Gegenwart, für all das, was da ist – ohne es verändern zu wollen. Das kann sehr schwierig sein, besonders wenn wir uns nicht gut fühlen oder in Gedanken festsitzen.

Ich habe nach Worten gesucht, wie ich Dir aufzeigen kann, was Achtsamkeit und Loslassen gemeinsam haben und bewirken können. Weil ich nicht weitergekommen bin, habe ich beschlossen, mit unserem Hund eine Runde spazieren zu gehen, um den Kopf frei zu bekommen. Und dann ... so schön ... Es ist eben die Magie: Wir sind nach Hause gekommen, Spotify war noch immer eingeschaltet und aus der Soundbar ertönte der Refrain eines Liedes, das genau zu diesem Thema passt. Es geht darum, dass man etwas zum Anfassen braucht, damit man loslassen kann.

Da braucht es meiner Meinung nach eigentlich keine weiteren Worte der Erklärung mehr.

Loslassen bedeutet für mich nichts anderes, als seinen Fokus zu verändern, sich auf die Gegenwart zu konzentrieren und sich bestenfalls etwas Neuem zuzuwenden. Nur so habe ich die Möglichkeit etwas „anzufassen" und Schritt für Schritt loszulassen. Schalte also einen Gang zurück und schenke ab heute der Arbeit und Deinen täglichen Handlungen Aufmerksamkeit. Richte Deinen Fokus NUR auf das, was Du gerade tust. Wenn Du also morgens aufstehst und Dir im Bad die Zähne putzt, dann versuche, nicht schon den ganzen Tag in Gedanken durchzugehen und zu planen. Putze Dir einfach die Zähne und nimm wahr, wie sich das anfühlt. Natürlich kannst Du dazu noch dankbar sein für Deine „Beißerchen", die es Dir ermöglichen, feine Speisen zu kauen und sie zu genießen.

Auch die Dusche, die hoffentlich unterdessen zwei, drei Minuten länger dauert, und während der Du jeden Bereich Deines Körpers einseifst, ist eine ganz einfache Achtsamkeitsübung, die Du ja sogar noch mit der Dankbarkeit für Deinen Körper kombinieren kannst. Und wenn das nicht passt, dann bedanke Dich für das fließende Wasser und die herrlich duftende Seife, die Dir zur Verfügung steht.

Versuche, während des Tages Deinen Fokus immer auf DIE Tätigkeit zu richten, die Du gerade ausübst. Vor allem bei Arbeiten, die Du routiniert ausführst. Mach nicht noch schnell-schnell dies und jenes, sondern erledige aufmerksam Schritt für Schritt eines nach dem anderen und freue Dich über alles, was Du geschafft hast. Du wirst sehen, dass Du viel mehr Energie und trotz des vermeintlich reduzierten Tempos immer genug Zeit haben wirst.

Eine weitere wichtige Übung für Achtsamkeit ist **aufmerksames Zuhören**. Seien wir doch ehrlich: Wie oft hören wir unserem Gegenüber nicht bis zum Schluss zu, weil wir uns direkt schon eine Antwort zurechtdenken? Deshalb nehmen wir häufig schon gar nicht richtig auf, was unser Gesprächspartner zu uns sagt. Daher empfehle ich Dir: Höre ab heute achtsam Deinem Gegenüber zu.

Um noch einmal auf das **Loslassen** zurückzukommen. Wie Du weißt, bedeutet Loslassen für mich, dass ich mich auf alles Schöne und Neue fokussiere und so meinen Gedanken, oder der inneren Stimme, keinen Raum mehr für destruktive Inhalte oder unschöne Ereignisse gebe. Ganz wichtig: Halte Deinen Fokus NICHT auf das Loslassen von Erlebtem, einem Mangel, oder etwas, das Du nicht mehr haben oder machen möchtest. Fülle Deine Tage oder freien Zeiten stattdessen mit möglichst vielen glücklichen Momenten, damit die freudigen Emotionen überhandnehmen und in Deinem Gehirn neue Pfade gebildet werden können.

Ein kleines einfaches Beispiel, welches Du bestimmt schon mehrfach erlebt hast: Wenn Du einem geliebten Hobby oder einer Aufgabe nachgehst, eine Plauderstunde mit einem Freund oder einer Freundin genießt, konzentriert an einer Aufgabe arbeitest, dann fühlst Du Dich bestimmt gut, weil Du im Moment bist und vollkommen die Zeit vergisst. Das rührt daher, weil Du bei diesem schönen Erlebnis, oder bei einer Arbeit, die Deine volle Konzentration erfordert, vergessen hast, an Deine To-do-Liste oder Deinen Mangel zu denken. Wenn Du dann nach Hause fährst, oder der Alltag Dich wieder begrüßt, sind sie wieder da – die Stimme, der innere Kritiker, somatische Marker oder Trigger, die sich bei Dir melden.

*Als ich zum ersten Mal von „Achtsamkeit" gelesen und gehört habe,
konnte ich mir kaum etwas darunter vorstellen. Ich kannte Achtsamkeitsübungen, Entspannungstechniken und Meditation ...*

*Ich war damals der Meinung, dass ich für mich alleine zu Hause die
Achtsamkeit NUR mit Meditation trainieren könnte ... Heute muss
ich selber schmunzeln ... Ich sah das Ziel vor Augen und wollte möglichst schnell dorthin ... Meditieren, Yoga, Entspannungstechniken
sollten gemäß meinen Recherchen doch genau das Richtige sein, um
loszulassen, gesund zu werden, wieder Freude zu empfinden usw. ...
Ich will damit überhaupt nicht sagen, dass Meditation oder Yoga
nicht das Richtige sind. Überhaupt nicht, im Gegenteil, ich praktiziere heute beides – allerdings aus einem anderen Grund, nämlich weil
es mir Spaß macht und mir Freude bereitet! Aber in der Zeit, in der
ich mich nicht wohl- und noch nicht gesund fühlte, an mir zweifelte,
Unsicherheit meinen Alltag dominierte, waren das einfach nicht die
richtigen Techniken für mich, weil ich dann noch mehr meine somatischen Marker beachtet habe. Die logische Folge waren dann unangenehme, ängstliche Emotionen und in meinem Kopf malte ich mir
„Horrorszenarien" aus. Ich war deshalb logischerweise im Anschluss
an eine Yogastunde oder eine Meditation erschöpfter als vorher.*

Deshalb habe ich Dir an Tag 7 und 14 auch ein paar Zusammenhänge gezeigt, damit Du weißt, dass solche Abläufe und Gefühle
NICHT bewusst kontrolliert werden können. Unser Gehirn, die
Nervensysteme und das limbische System haben einfach ihre aktuell mögliche Arbeit getan ... Und da helfen gutes Zureden und
ein krampfhafter Versuch, positiv zu denken, einfach wirklich
nichts. Unser Gehirn ruft ab, was es kennt. Es kennt auch kein
Gestern und kein Morgen ... Deshalb möchte ich an dieser Stelle erneut betonen, wie wichtig Emotionen, Achtsamkeit, Meditation und ätherische Öle für unsere Gesundheit sein können!

*Das Erkennen dieser Zusammenhänge zwischen unserem Gehirn, dem
limbischen System und dem vegetativen Nervensystem haben mich
zum Umdenken bewogen. Ich begann, nach weiteren Möglichkeiten zu*

suchen, wie ich ohne Aufwand die Achtsamkeit in meinen damaligen Alltag integrieren konnte. Wie ich auf einer anderen Seite in diesem Buch bereits erwähnt habe, begann ich damit, mich so oft wie möglich auf die Handlungen zu konzentrieren, die ich gerade ausübte. Wenn ich also in der Küche das Mittagessen zubereitete, habe ich mich beispielsweise tatsächlich auf die Karotte konzentriert, die ich gerade schälte. Ich habe sie mir genau angesehen, habe mir bereits ausgemalt, wie sie schmecken würde und mich schon auf den Salat gefreut.

Wenn ich draußen spazieren war, habe ich den Vogelstimmen gelauscht, die Gräser angesehen, plötzlich viele weitere Geräusche und andere Dinge in der Natur wahrgenommen, die ich im hektischen Alltag, oder später während meiner Krankheit, nie bemerkt habe … Klar, ich war damals mit meinen Gedanken noch bei der Arbeit, der Planung des Folgetags, oder eben bei allem, was ich aufgrund meiner Krankheit nicht mehr tun konnte, und meiner Symptome, die ständig präsent waren.

Tja, das Trainieren von Achtsamkeit im Alltag war gar nicht einfach und eine ziemliche Herausforderung für mich … Nach etlichen Jahren als berufstätige Ehefrau und Mutter mit einem Haus, Garten und Hobbys …

Aber Du kannst hoffentlich erahnen, dass ich heute mit meiner antrainierten Achtsamkeit viel mehr Energie habe und trotz eines vollen Tagesplans noch Zeit mit mir finde.

Und das Beste an diesen Achtsamkeitsübungen, der Dankbarkeit und Freude ist, dass ich automatisch immer mehr loslasse, weil sich meine Gedanken selten mehr um Vergangenes, Sorgen oder Ängste drehen. Ich gebe meinem Gehirn neue Aufgaben, indem ich mich auf EINE Sache konzentriere, Neues entdecke und Zeit für freudige und liebevolle Momente schaffe.

Auf diese Weise kannst Du also nicht nur Achtsamkeit trainieren, sondern auch Deine innere Stimme, die Dir ständig sagt, was Du zu tun oder nicht zu tun hast, und Deine destruktiven Gedanken immer leiser werden lassen. Einfach genial …

Ich wünsche Dir von Herzen weiterhin Ausdauer und wunderschöne Momente der Achtsamkeit, die künftig Deinen Alltag in Magie hüllen werden.

Mangeldenken

Wenn Du bereits den ein oder anderen Tipp umgesetzt und in Deinen Alltag übernommen hast und Du trotzdem kaum eine Veränderung wahrnehmen kannst, dann kann das daran liegen, dass unser Gehirn mindestens einundzwanzig Tage Zeit braucht, um eine neue Gewohnheit zu verinnerlichen.

Ein weiterer Grund könnte auch sein, dass Deine Gedanken absolut unbewusst um einen vermeintlichen Mangel kreisen.

Die einzigen Zutaten für mehr Lebensfreude und eine damit verbundene Veränderung sind das Gefühl der absoluten Dankbarkeit und Liebe gepaart mit Achtsamkeit. Nicht immer ganz einfach, aber mit viel Training und Durchhaltevermögen absolut machbar.

Du bist bestimmt ein dankbarer Mensch, keine Frage.

Freude, Liebe und Dankbarkeit, die aus tiefstem Herzen kommen und die Du im ganzen Körper spüren kannst, sind aber DIE Emotionen, die Du für eine Veränderung brauchst. Deshalb möchte ich Dich ermutigen, weiterhin täglich mit den für Dich ansprechenden Tipps in den einzelnen Kapiteln Dankbarkeit zu üben. Suche Dir Dinge aus, für die Du wirklich dankbar sein kannst.

Vielleicht erinnerst Du Dich, dass ich zu Beginn gar nicht für meinen Körper dankbar sein konnte. Er hat mich meiner Meinung nach um meine Gesundheit und mein gewohntes Leben gebracht. Deshalb habe ich mich jeden Tag für meine Familie, unser Zuhause und später für die ätherischen Öle bedankt. Ich spürte, dass mir die Aromatherapie guttut und dass sich etwas verändert. Deshalb fiel es mir auch leicht, dafür aus tiefstem Herzen dankbar zu sein.

Kommen wir nun zum unbewussten Mangeldenken. Was meine ich damit ... Ich gebe Dir ein paar Beispiele zu folgenden möglichen Themen:

Materielles:

Hättest Du gerne eine neue Couch, einen Esstisch oder sonst etwas Materielles in Deinem Zuhause und Dir fehlt gerade das nötige Geld dazu?

Wenn Du also auf Deinem Visionsboard beispielsweise eine neue Couch gezeichnet oder aufgeklebt hast, und Du täglich beim Anblick Deiner alten Couch denkst, dass Dir das nötige Geld fehlt und dass Du so gerne ein anderes Wohnzimmer hättest, liegt Dein Fokus auf dem Mangel ... Du kannst ja bei solchen Gedanken gar keine freudigen, dankbaren Emotionen empfinden.

Denke daran, die Emotion und Deine Reaktion auf ein Ereignis sind IMMER entscheidend. Du kannst also auch nicht kraftvoll visualisieren und Dir etwas wünschen, wenn Du nicht die richtigen Emotionen hast!

Deshalb erwähne ich auch immer und immer wieder die Dankbarkeit. Nur wenn Du Dankbarkeit und Liebe empfindest, kannst Du aus dem Mangeldenken ausbrechen.

Gehen wir wieder zurück zu meinem Beispiel und der Couch. Vielleicht hat Deine Couch auch noch nie Deinen Vorstellungen entsprochen? Dann dekoriere die Couch mit Kissen in anderen Farben, oder einer schönen Decke. Stelle auf den Beistelltisch einen Blumenstrauß, eine schöne Kerze, oder irgendetwas, das Du vielleicht sogar beim Entrümpeln im Keller gefunden hast. Egal was Du veränderst, tu es mit den Dir zur Verfügung stehenden Mitteln, hab Spaß dabei und freue Dich über Dein erschaffenes Endergebnis und das neue Aussehen in Deinem Heim. Sei dankbar für diese Möglichkeit.

Denke jetzt bitte nicht: „Ist ja toll, aber … Ich hätte halt trotzdem gerne eine andere Couch…" Richte Deinen Fokus nicht auf ein neues Sofa, wenn Dir die richtige Emotion noch fehlt. Wenn Du keine schönen Erlebnisse mit der Couch verknüpfen kannst und tiefe Dankbarkeit ausbleibt, dann bedanke Dich täglich für irgendetwas … Lass den Gedanken an eine neue Couch los und konzentriere Dich stattdessen auf Liebe und Dankbarkeit in anderen Bereichen.

Lerne, die Emotionen der Dankbarkeit zu entwickeln und diese aus tiefstem Herzen zu spüren, damit Neues in Dein Leben kommen kann. Trainiere die Emotionen der Dankbarkeit – und wenn das bei Deiner Couch nicht funktioniert, dann nimm, wie gerade beschrieben, etwas anderes, wofür Du Dankbarkeit und Liebe empfinden kannst.

Gesundheit:

Dein Körper funktioniert nicht ganz so wie Du es gerne hättest. Du bedankst Dich täglich bei Deinem Körper, während Du achtsam duschst oder Dich eincremst, und trotzdem verändert sich nichts. Dann bitte ich Dich, versuche doch einfach einmal, einen Tag lang nicht an die gefühlte Unstimmigkeit in oder an Deinem Körper zu denken. Mache diese Übung einfach nicht. Verzichte aber nicht auf Dinge, die Du gerne machst, weil Du denkst, das schaffst Du sowieso nicht. **Versuche** trotz Deiner gefühlten Einschränkung, **das zu tun, was Dir Freude bereitet**. Wenn Du gerade nicht oder nicht mehr sportlich und fit unterwegs sein kannst, dann finde eine Alternative, die Dich glücklich macht. Es geht nicht darum, dass Du etwas NICHT (mehr) kannst, sondern darum, dass Du trotz Deines gefühlten Mangels oder Deiner gefühlten Einschränkung immer noch Dinge tun und dafür Liebe und Dankbarkeit empfinden kannst.

Dein Fokus sollte, wann immer es Dir möglich ist, stets auf Schönes, oder Neues, **was Dich erfüllt**, gerichtet sein.

Es ist mir klar, dass das eine große Herausforderung sein kann. Vor allem wenn es sich um körperliche Symptome handelt, die sich zeigen und die Dich an Deinem Vorhaben hindern können.

Wie Du in den letzten Kapiteln gelesen hast, kann unser Gehirn unsere Emotionen nicht zeitlich einordnen. Es macht, was es kennt und reagiert gemäß den gesendeten Emotionen, die bei Mangeldenken aus Schmerz, Zweifel, Angst oder Traurigkeit entstanden sind.

Übrigens: Beim Fokus auf Mangel oder Vergleiche bist Du immer, wenn auch unbewusst, in einer tiefen Schwingung und kannst gar keine Freude oder Dankbarkeit empfinden. Ich hoffe, dass Du das bereits erkannt hast?

Wenn Du an etwas Schönes, egal ob Vergangenes oder Aktuelles, denkst, kannst Du Dich gar nicht schlecht fühlen! Siehst Du den Zusammenhang? Also mühe Dich nicht mit Übungen ab, die aktuell nicht stimmig sind und Deinen Mangel stärken könnten. Suche nach neuen Beschäftigungen oder Routinen, die Dich erfüllen, sei achtsam in Deinem Alltag und Du wirst merken, dass automatisch mehr Freude und Leichtigkeit in Dein Leben kommen und der gefühlte Mangel weniger Platz einnehmen kann.

*Als ich mich zum ersten Mal mit dem **unbewussten Mangeldenken und meinen Gedanken** auseinandergesetzt habe, ist es anschließend steil bergauf gegangen mit meiner Genesung. Ich habe sofort aufgehört, mich mit Gedanken zu quälen und mich unter Druck zu setzen, dies und jenes tun zu müssen, damit ich wieder zu Kräften komme.*

Ich habe aufgehört mit meinen Versuchen, richtig zu meditieren, ich habe die Yogastunden abgebrochen und versucht, meine Tage wieder halbwegs so zu gestalten, wie ich es mir wünschte und wie ich in meiner Kraft wäre. Denn schließlich haben mich mein Job und andere Tätigkeiten bis zum Tag „X" erfüllt. Ich habe gemerkt, dass ich all diese neuen Beschäftigungen eigentlich nur ausübte, weil ich wollte, dass ich wieder gesund werde. Dabei hatte ich zu diesem Zeitpunkt noch gar keinen Spaß an diesen wirklich wertvollen, entspannenden Aktivitäten und habe schlussendlich genau das Gegenteil bewirkt. Denn meine Gefühle waren alles andere als glücklich und positiv. Im Gegenteil, ich versuchte mich immer zu trösten, war unsicher, voller Erwartung, dass es mir besser gehen würde, mit dem Fokus auf meinem Gesundheitszustand … Tja, und das war mein Fehler. Okay, das ist auch wieder nicht richtig – wir machen eigentlich keine Fehler … Solche Momente, oder die gefühlten Umwege, sind dazu da, um zu wachsen und zu lernen! Ich bin dankbar, dass ich das erkannt habe und heute den Mut besitze, über solche Situationen nachzudenken und allenfalls etwas zu verändern oder zu akzeptieren.

Ganz ganz WICHTIG zu wissen! Ich war zu oben beschriebenem Zeitpunkt aus medizinischer Sicht wieder vollkommen gesund. Ich habe es Schwarz auf Weiß gesehen, ich hatte meine Krankheiten überwunden. Es fehlte mir noch an Energie, Kondition, Mut und vor allem an Vertrauen. Die körperlichen Symptome zeigten sich halt einfach noch in der Folge der erfahrenen Gewohnheiten und Emotionen der letzten Jahre, die man eben nicht direkt beeinflussen kann, weil ... Du wirst im nächsten Kapitel die Zusammenhänge zwischen unserem Gehirn, den Nervensystemen und dem endokrinen System erkennen ...

Es ist mir auch wichtig, dass Dir klar ist, dass fehlende Lebensfreude, Schlaf-, Energie- oder Antriebslosigkeit durchaus auch einen medizinischen Hintergrund haben können. Deshalb solltest Du auch immer alle Eventualitäten von einem Arzt untersuchen lassen und an Dich glauben! By the way ... Ich habe zu lange gewartet, aus Angst, nicht mehr funktionieren zu können ...

Nachdem ich also realisiert habe, dass ich mit meinen Aktivitäten stets mit einer falschen Erwartungshaltung im Mangeldenken gewesen bin, habe ich mir vorgenommen, auch dankbar zu sein für die Dinge, die ich nur teilweise, oder anstelle der alten Gewohnheiten oder meiner früheren Arbeit machen konnte.

Weißt Du, dafür habe ich mich nie wirklich bedankt und wusste es auch nicht zu schätzen, weil ich ja schließlich etwas anderes wollte als „nur" das, was zu diesem Zeitpunkt möglich war ... Ganz wichtig! Dadurch schwang bei jeder Dankbarkeitsübung immer automatisch ein Mangel mit ... Und ich hätte noch weiter Tagebuch für Tagebuch schreiben können ...

Kaum habe ich das erkannt, dauerte es gefühlt nur wenige Tage, bis ich die Möglichkeiten der Aromatherapie kennengelernt habe. Was für ein Geschenk!

Wie auch immer ... Das ist auch wieder eine andere Geschichte ...
Mittlerweile bin ich gesund, in meiner Kraft, habe Spaß und prak-
tiziere in unregelmäßigen Abständen wieder Yoga. Ich arbeite nebst
der Tätigkeit als aromaCOACH auch in Teilzeit und mit Freude im
alten Job, ich meditiere, wenn mir danach ist, und genieße die Frei-
heit, mir das auszusuchen, was mir gerade Spaß macht.

Und ganz ehrlich, manchmal fehlt auch mir noch immer ein bisschen
der Mut und das Vertrauen in mich und meine Gesundheit.

Beobachte heute und die nächsten Tage einmal Deine Gedanken und nimm wahr, ob und wann Du Dich beim Mangeldenken ertappst. Ärgere Dich nicht, mach Dir keine Vorwürfe, erkenne es einfach und handle entsprechend.

Denke an Deine (Atem-)Pausen, optional mit der wilden Orange, behalte bitte Dein Abend- und Morgenritual bei. Halte Deine schönsten Momente fest, hab Geduld und baue bei Bedarf an
Deinem Visionsboard weiter. Dieses solltest Du übrigens immer
wieder anpassen oder erweitern. Wenn Du bis heute noch kein
Visionsboard gemacht oder mindestens zwei, drei Träume notiert hast, dann beginne heute. Jeder Tag ist ein neuer Anfang,
nimm Dir die Zeit und den Mut zusammen, große Träume zu
haben. Denn der Weg ist das Ziel und oftmals nehmen wir eine
Abzweigung, oder beginnen noch einmal von vorne ...

In welchen Bereichen schwingt bei Dir unbewusst ein Mangeldenken mit?

Hormone und Transmitter

Heute möchte ich ein paar Fakten zum endokrinen System, also dem Hormon- und Nervensystem, zusammenfassen. Denn Hormone und Transmitter haben einen großen Einfluss auf unsere psychische und mentale Verfassung.

Nachfolgend möchte ich Dir einen ganz kleinen Einblick in die Abläufe und Zusammenhänge in unserem Wunderwerk Körper geben und auf die Wichtigkeit der Hormone und Transmitter hinweisen.

Der Mensch hat viele Hormondrüsen, die im ganzen Körper verteilt sind:

Hypophyse, Zirbeldrüse, Schilddrüse, Thymusdrüse, Bauchspeicheldrüse, Nebenniere, Eierstöcke (weibliche Keimdrüse), Hoden (männliche Keimdrüse).

Der Hypothalamus steuert über die Regelkreisläufe unsere Hormone. Wie Du bereits gelesen hast, könnte der Hypothalamus auch als „Dirigent des Hormonorchesters" bezeichnet werden. Er sitzt in unserem Gehirn und bildet die Verbindung zwischen Hormon- und Nervensystem.

Hormone sind für Wachstum, Entwicklung, den Elektrolyt- und Wasserhaushalt, den Wärmehaushalt und den Stoffwechsel der Zellen zuständig. Auch Hunger, Schlaf, oder Blutdruck werden über das Hormonsystem gesteuert.

Dieses Wissen und das Lernen der Zusammenhänge rund um das endokrine System waren und sind für mich noch immer faszinierend und sehr wertvoll. Vor allem, weil ich wirklich überhaupt keine Ahnung von der Wichtigkeit dieser Abläufe hatte. So oft habe ich mir Vorwürfe gemacht, wenn ich traurig war, etwas nicht geschafft oder unerwartet Panik bekommen habe. Hormone brachte ich lediglich mit den Geschlechtsorganen, Menstruation, Eisprung etc. in Verbindung. Ich hatte so viele AHA-Momente beim ersten Recherchieren und anschließenden gebuchten Seminaren. Ich begann, wenn auch erst rückblickend, die Zusammenhänge, die direkt in Verbindung mit meinem Leidensweg standen, zu erkennen …

Die komplexen Abläufe unseres Organismus werden über die beiden Hauptsysteme Nerven- und Hormonsystem (das endokrine System) gesteuert. Bei der Regulation von Lebensprozessen wirken die beiden Systeme zusammen.

Ich möchte jetzt nicht darauf eingehen, welche Drüse welche Hormone produziert und für was sie im Einzelnen zuständig sind. Du wirst aber bestimmt schon über die Schild- und Nebenschilddrüse sowie die Nebenniere gehört oder gelesen haben.

Weil die Nebenniere eine wichtige Rolle bei Erschöpfung und Energiemangel spielen kann, möchte ich trotzdem ein paar Worte dazu notieren:

Die Nebenniere ist eine paarige Hormondrüse und dem vegetativen Nervensystem sowie dem hormonellen Regelkreislauf untergeordnet. Sie besteht aus zwei Organen, die sich funktionell unterscheiden. Das Nebennierenmark ist dem sympathischen Nervensystem zugeordnet und seine Hauptfunktion besteht in der Produktion von Adrenalin und Noradrenalin (diese gehören in die Kategorie Hormone und Neurotransmitter (Botenstoffe) und werden aufgrund von „Flucht- und Angstreizen" ausgeschüttet). Und: **Noradrenalin unterstützt die Speicherung von an Emotionen gekoppelten Ereignissen**.

Die Nebennierenrinde ist am Zucker-, Wasser- und Mineralstoffhaushalt sowie der Steroidhormonproduktion beteiligt.

Ist die Nebenniere geschwächt durch Dauerstress unterschiedlichen Ursprungs, produziert sie zu wenig Cortisol und morgendliche Müdigkeit oder Antriebslosigkeit können sich zeigen.

Das Glückshormon Serotonin übernimmt die Funktion eines Hormons und Neurotransmitters und gilt als wichtigster Stimmungsaufheller. Es wird zu 90 % im Dünn- und Dickdarm produziert und kann die Bluthirnschranke nicht passieren, sondern muss täglich neu gebildet werden. Serotonin reguliert unter anderem den Blutdruck und ist an der Libido und dem Einschlafverhalten beteiligt.

Dopamin ist unser innerer Motivator und Haupttransmitter unseres Belohnungssystems und unter anderem zuständig für die Informationsübertragung vom Kurzzeit- ins Langzeitgedächtnis. Ohne Dopamin sind wir inaktiv.

Testosteron ist das Geschlechtshormon mit direkter Wirkung auf unsere Psyche und ist bei Männern und Frauen in der Konzentration und Wirkungsweise unterschiedlich. Es wird im Hoden und der Nebenniere produziert. Wenn die Nebenniere also geschwächt ist, wird nicht nur die Cortisol-Produktion beeinträchtigt, sondern auch die Produktion von Testosteron.

Östrogen, das Leidenschaftshormon, ist ein weiteres Geschlechtshormon mit direkter Wirkung auf unsere Psyche. Es wird bei den Frauen in den Eierstöcken gebildet und beeinflusst die Stimmung und das Schmerzempfinden.

GABA – Gamma-Aminobuttersäure – ist der wichtigste **hemmende** Transmitter im Nervensystem. Sie dämpft die Stressreduktion in den beteiligten Hirnstrukturen und beeinflusst die emotionale Stabilität.

Ein weiteres Hormon ist Prolaktin, das Antistress- und Stillhormon. Oxytocin, das Kuschelhormon, ist zuständig für unser Sozialverhalten und unsere Bindungsfähigkeit und hebt unsere Stimmung. ACTH, das Adrenocorticotrope Hormon lässt uns morgens fit und ausgeruht aufwachen, und es regt die Nebennierenrinde an, damit bei einsetzendem Stress Cortisol gebildet werden kann! Somatotropin, das Wachstumshormon, ist stark für unser Wohlbefinden zuständig, denn Zellen heilen unter dem Einfluss dieses Hormons schneller, und Haut, Haare, Immunsystem sowie die Regenerationsfähigkeit werden gestärkt. Melatonin wird unter anderem aus Serotonin in der Zirbeldrüse gebildet und ist zuständig für den Tag-Nacht-Rhythmus.

Wahnsinn, oder? Es spielen so viele körpereigene Faktoren eine wesentliche Rolle im Zusammenhang mit unserer mentalen und körperlichen Verfassung. Du kannst nun erahnen, welche Kettenreaktion eine Beeinträchtigung in der Hormonproduktion haben kann. Es ist alles miteinander verbunden. Deshalb können wir bei einem emotionalen Ungleichgewicht, ausgelöst durch eine hormonelle Dysbalance, nur bedingt mit reiner Gedankenkraft und daraus resultierenden Emotionen Einfluss nehmen.

Wir haben aber die Möglichkeit, unseren Körper in seiner Funktion zu unterstützen, indem wir auf unsere Ernährung, Gewohnheiten und Bewegung achten. Zudem sollte der Mineralstoffhaushalt regelmäßig kontrolliert und bei Bedarf unterstützt werden, damit unser System nicht zusammenbricht.

Denn unsere Hormone können durch viele Faktoren aus dem Gleichgewicht geraten:

- Medikamente
- Toxizität durch Viren, Pestizide etc.
- Lebensmittelallergie und Darmbeschwerden
- Pubertät, Schwangerschaft, Geburt
- Wechseljahre

- Psychische Belastung, Stress
- Autoimmunerkrankungen
- Chronische Erkrankungen

Es gibt diverse Veränderungen, die beispielsweise vor allem Frauen, selbstverständlich auch Männer in der Pubertät, oder in den Wechseljahren, bei einer Dysbalance der Hormone, bzw. während des „Umbaus" des endokrinen Systems[4**] zu spüren bekommen.

- Die Darmträgheit kann zu einer bis zu 50 %-igen Gewichtszunahme führen.
- Muskulatur und Knochen sind plötzlich schmerzhaft „spürbar" oder verspannt.
- Die Stimmung schwankt von 0 auf 100 und wieder zurück.
- **Neurovegetative Störungen** können den Alltag massiv einschränken. Diese Störungen können von Hitzewallungen, Erschöpfung bis hin zu Angstzuständen, Schlaflosigkeit, Verdauungsstörungen und vielem mehr reichen und einen gar an sich selbst zweifeln lassen.

Unser Körper ist ein Wunderwerk und zwei Dinge gleichzeitig zu erledigen ist keine Selbstverständlichkeit, zu denken und zu sprechen, zu lachen, sich zu ärgern, zu essen, zu verdauen etc. brauchen Energie und die Unterstützung des vegetativen Nervensystems.

- Probleme mit der Atmung.
- Trockene Haut, dünnes Haar und Haarausfall.

Kurze Erinnerung: Ich erstelle keine Diagnosen, ich bin weder Arzt, Therapeut oder Heilpraktiker, noch können mit meinen Tipps und Erfahrungswerten Krankheiten geheilt werden. Ich schreibe hier meine persönlichen Erfahrungen und Recherchen

---

4 ** Das **endokrine System** ist die Bezeichnung für alle Organe und Gewebe, die Hormone produzieren. Sie sind im ganzen Körper verteilt.

nieder und möchte Dir lediglich eine informative Unterstützung bieten und auf die nicht außer Acht zu lassenden Möglichkeiten hinweisen.

Herzlichst, die Autorin, Yvonne

Wenn organisch alles in Ordnung ist und Du ärztlich hast abklären lassen, ob nicht eine Krankheit der Auslöser für eine mögliche Dysbalance der Hormone ist, können folgende Tipps zur Unterstützung einer hormonellen Ausgeglichenheit hilfreich sein:

- Genug **stilles** Wasser trinken – leitet aus (Kohlensäure kann Kalzium aus den Knochen ziehen) – und das Gewicht halten.
- Genug Schlaf und Stressreduktion.
- Regelmäßig den Körper entgiften inklusive Darmsanierung – der Darm ist das Zentrum unserer Gesundheit.
- Gesunde Ernährung, möglichst keine E-Nummern, und darauf achten, dass die Produkte nicht zu lange in Plastik verpackt sind.
- Aromatherapie.
- Bei Bedarf hochwertige Nahrungsergänzungsmittel einnehmen.
- Vitalstoffwerte und Schilddrüsenwerte unter Kontrolle halten.

Allen voran gemäß meiner Erfahrung: Zink, Magnesium, Eisen, Vitamine B, C und D.

Diese Zusammenhänge habe ich für mich recherchiert, habe Seminare und Weiterbildungen besucht, um zu verstehen, was mit mir und meinem Körper während und nach meiner Krankheit passiert ist. Ich habe Dir erzählt, dass ich mich trotz Genesung noch immer energie- und kraftlos gefühlt habe. Ich war immer noch traurig, kannte mich selbst nicht und hatte nach wie vor diese unerklärlichen Angstzustände. Klar, man mag vielleicht denken, dass das nach vier Jahren Krankheit eher normal sein könnte …

Dank einer Fernsehsendung rund um das Thema Wechseljahre, die meine Mutter damals verfolgt hat, und ihrem anschließenden Vorschlag, wieder einmal einen Gynäkologen aufzusuchen, fühlte ich mich schon nach kurzer Zeit um einiges besser.

Ich musste mich ziemlich überwinden, um einen Termin bei einem Gynäkologen zu vereinbaren. Nach so vielen Arztbesuchen und meiner gefühlt langen Leidenszeit war es mir ein Grauen, auch noch dessen Meinung über meine psychische und körperliche Verfassung anzuhören ... Und doch wollte ich dieser Möglichkeit eine Chance geben. Allerdings hatte ich auch meine Bedenken, schon wieder weinend auf dem Stuhl in der Sprechstunde meines bisherigen Gynäkologen zu sitzen.

So habe ich mich also aufgerafft und einen Termin bei einer Frauenärztin, die ich von früher her kannte, vereinbart. Sie würde mich bestimmt ernst nehmen. Zum einen, weil sie gar nichts von meinen Krankheiten wusste und zum anderen, weil sie mich noch als lebensfrohe Powerfrau kannte. Genau so war es denn auch ...

Sie hat ein Blutbild und einen Hormonspiegeltest in Auftrag gegeben und das Ergebnis erklärte so einiges. Nebst erneut diversen Vitalstoffmängeln hatte ich kaum mehr Östrogen ... Durch das Entfernen der Gebärmutter, den Beginn der Wechseljahre und die Entzündungswerte über Monate bzw. Jahre, war mein Östrogen aufgebraucht und neues konnte von meinem Körper scheinbar nicht ausreichend produziert werden.

So haben wir mit einer niedrig dosierten Hormonersatztherapie begonnen und ich fühlte mich vor allem körperlich sofort von Tag zu Tag besser. Zwei weitere Monate später – ich weiß es noch so genau, weil es der Geburtstag meines Mannes war – hatte ich die letzte Angststörung. Die Kraft kehrte zurück und ich setzte mich erneut, aber gestärkt genau mit jenen Themen auseinander, die ich hier in diesem Buch beschreibe. Ich war an dem Punkt, den ich bereits beschrieben habe: Es ging weiter steil bergauf in meiner Genesungsphase, während ich täglich an meiner mentalen Gesundheit und Einstellung arbeitete.

Anstelle der Hormonersatztherapie nehme ich heute eine hochwertige bioverfügbare Nahrungsergänzung, bei Bedarf Kapseln mit Soja- und Granatapfelextrakt, die auch Leinsamenpulver enthalten, zur Unterstützung meiner hormonellen Balance. Dazu wende ich täglich ätherische Öle an, um meinen Körper und Hormonspiegel zusätzlich in Balance zu halten. Magnesium, Zink und B-Vitamine gehören nebst Probiotika-Kapseln ebenfalls in unregelmäßigen Abständen zu meiner Wochenroutine.

Ich durfte lernen, dass es wichtig ist – vor allem aufgrund meiner Vorgeschichte –, unseren Körper zusätzlich mit Mineralstoffen zu versorgen. Ich bin der Meinung, dass es uns in der heutigen Zeit je nach Lebenssituation und Bedarf nicht mehr möglich ist, genügend Nährstoffe über die uns zur Verfügung stehenden Lebensmittel aufzunehmen.

Ich bin absolut glücklich und dankbar dafür, wieder voller Energie zu sein und muss sagen, dass ich mich nicht einmal vor meinen Krankheiten so gesund und kraftvoll gefühlt habe wie heute!

Zugegeben, das kann auch an meiner neu gewonnenen Lebenseinstellung liegen ... Wahrscheinlich ist es das Gesamtpaket ...

Ich möchte meine Ausführungen noch ergänzen und festhalten, dass ein Hormonspiegel mit Blutentnahme grundsätzlich nicht sehr viel aussagen kann über all die hier erwähnten Hormonwerte. Zudem kann der Hormonspiegel von heute ein anderer sein als der von morgen.

Ich bin mir heute rückblickend sicher, dass „nur" das Pfeiffersche DRÜSENfieber nicht die Ursache für langanhaltende gesundheitliche Turbulenzen sein kann. Der Darm und die HormonDRÜSEN dürfen einfach nicht außer Acht gelassen werden.

Dieses Kapitel mit meinen kurzen Ausführungen und persönlichen Erfahrungen soll Dich einfach informieren und Dir zeigen, dass Hormone und Transmitter je nach Befinden unbedingt miteinbezogen, betrachtet und gegebenenfalls in ihrer Funktion unterstützt werden sollten.

_____

_____

_____

_____

_____

_____

_____

_____

_____

_____

_____

_____

_____

„Gesundheit bekommt man nicht im Handel,
sondern durch den Lebenswandel."
Sebastian Kneipp

Verlasse Deine Komfortzone

Heute sollst Du mutig sein ... Ich möchte Dich bitten, heute, die nächsten Tage und Wochen immer wieder einmal Deine Komfortzone zu verlassen.

Du fragst Dich nun bestimmt, wie Du positive und gute Gefühle erzeugen sollst, wenn Du etwas unternimmst oder tust, was Dich herausfordert, was Du nicht magst oder noch nie gemacht hast.

Ich gebe Dir recht. Die Aufregung, Unsicherheit oder sogar Angst können Dich für den Moment ein Gefühl von Energie- und Kraftlosigkeit empfinden lassen. Aber ich garantiere Dir, dass Dich im Anschluss an das Verlassen Deiner Komfortzone Gefühle wie Erleichterung, Stolz und Freude überkommen werden. Zudem wirst Du nach jeder gewagten neuen Handlung ein bisschen mutiger und gewinnst an Selbstvertrauen.

Es muss ja nicht gleich Bungee-Jumping von einer Brücke sein ... Du kannst mit Kleinigkeiten starten. Es ist auf jeden Fall wichtig, dass es auch machbar für Dich ist. Okay? Es bringt Dir rein gar nichts, wenn Du jetzt etwas planst, das Dich schon Tage vorher belastet. Ich spreche hier von Handlungen, die spontan entstehen sollten. Und Vorhaben, die Dich wirklich ansprechen, für die Du aber einfach noch nicht den Mut hattest. Oder auch Dinge, die Du ungern erledigst und immer vor Dich hinschiebst.

Nachfolgend wieder ein paar Beispiele:

Du gehst nicht gerne einkaufen und bist immer froh, wenn Du Deinen Wocheneinkauf hinter Dich gebracht hast. Dann könnte Deine Herausforderung sein, dass Du heute ausnahmsweise in das Geschäft Deiner Wahl, aber an einem anderen Standort einkaufen gehst. Du wirst eine andere Strecke laufen oder fahren müssen. Die Regale werden nicht gleich eingeräumt sein und folglich wird Dein Einkauf länger als sonst dauern. Du wirst wahrscheinlich auch andere Menschen treffen. Du wirst vielleicht mit jemandem ins Gespräch kommen, weil Du Dich nicht auskennst und nach einem Produkt fragen musst.

Dieses erste Beispiel ist genau MEINS ... Ich gehe grundsätzlich nicht so gerne einkaufen. Gerade dieser Tage habe ich bemerkt, dass mein spontaner Einkauf in einer anderen Filiale, in der ich mich wirklich nicht auskenne, genau dieser Übung entspricht. Ich habe meine Komfortzone verlassen ... Und ganz ehrlich, ich bin natürlich etwa drei- bis viermal in den gleichen Gängen hin- und hergelaufen und habe doppelt so lange für meinen Einkauf gebraucht wie üblich. Aber – jetzt kommt's – die Gespräche mit den Menschen, die ich getroffen habe, hätte ich in meinem gewohnten Geschäft nicht führen können. Ich habe neue, andere Produkte, von deren Existenz ich noch gar nichts wusste, gesehen und gekauft, ein wirklich feines Mittagessen zubereitet und war unglaublich stolz auf mich!

Eine weitere Möglichkeit für das Verlassen der Komfortzone entstand auch aus einer Übung der „Enjoy this Life"-Community und könnte Folgende sein: Sage heute so oft wie möglich einfach einmal **JA**. Es ist mir klar, dass das in der Familie und mit Kindern vielleicht eher etwas schwieriger sein kann. Ich meine damit auch nicht, dass Du ab sofort einfach alles zulassen solltest, sondern dass Du in gewissen Situationen heute einfach einmal **JA** sagst und Dich auf etwas Neues einlässt. Es könnten nämlich wider Erwarten schöne Erlebnisse werden. Vielleicht hat Dich Deine Freundin schon mehrfach gefragt, ob Du mit ihr auf einen Spaziergang kommst und Du hast bisher abgelehnt, weil ... oder Deine Kinder fragen immer wieder nach … Und heute sagst Du einfach **JA** und lässt Dich darauf ein. Du wolltest schon lange einmal dies oder jenes ausprobieren, aber … immer eine Ausrede parat … Heute sagst Du **JA** …

Ich bin während meiner Krankheit eine Meisterin im „Ja, vielleicht"-Sagen geworden. Es sind immer wieder Angstgefühle hochgekommen. Ich habe befürchtet, dass es mir anschließend schlechter gehen, oder dass ich zu wenig Energie aufbringen könnte. Durch diese Unsicherheit habe ich auch Angst gehabt, dass mein Gegenüber merkt, dass ich nicht ich selbst bin und mich unwohl fühle. So bin ich jeder Situation, in der ich mich schon vorweg nicht sicher gefühlt habe, ausgewichen, oder habe geplante Treffen kurzfristig wieder abgesagt.

Ich habe diese Tage auch über die Angst geschrieben, und darüber, dass sie sich immer irgendwo in anderen Situationen zeigen kann, wenn Du Dich Deinen ursprünglichen Ängsten nicht stellst … Das kann ich tatsächlich genau so bestätigen. Deshalb führt bei einer Herausforderung selbstverständlich auch kein Weg am Mut vorbei.

Als ich die Aromatherapie kennengelernt habe und sie zu meinem täglichen Begleiter wurde, fiel es mir viel leichter, meine Komfortzone zu verlassen. Ich habe zu Beginn einfach immer mit einem ätherischen Öl dafür gesorgt, dass ich mich weniger angespannt und mutiger fühlte, bevor ich mich einer Herausforderung stellte. Ich habe mir einen Duftanker gesetzt und für den Notfall auch immer meine kleinen Fläschlein mit dabei gehabt. Ich wusste, dass die Öle mich in unterschiedlichen Situationen unterstützen konnten.

Früher war es eine Tablette, die ich für den Notfall in meiner Geldbörse und in der Tasche mitführte. Ich habe zwar in meinem Leben noch nie eine genommen, aus Angst, die Kontrolle zu verlieren … Aber alleine das Wissen, etwas dabei zu haben, hat mir damals schon wahnsinnig geholfen.

Später dann haben mir meine Recherchen rund um unseren Körper, unsere Hormone und Nervensysteme und das Erkennen der Zusammenhänge und der körperlichen Reaktionen natürlich auch zusätzliche Sicherheit gegeben ... Ich wusste, dass mir nichts passieren kann, weil ich wieder gesund bin und sich die Abläufe im Körper wieder einpendeln müssen.

Und wenn ein Vorhaben oder ein Treffen dann doch nicht so wie gewünscht verlaufen ist, habe ich mich trotzdem für meinen Mut gelobt und mich gefreut, dass ich „es" gewagt habe. Und mit jeder gemeisterten Herausforderung, unabhängig von deren Ausgang, ist es leichter und wieder zur Routine geworden. So konnte ich Schritt für Schritt wieder etwas mehr Vertrauen aufbauen.

Erinnerst Du Dich an die Übung mit dem schönen Erlebnis, das Dich in dankbare und liebevolle Emotionen bringt? Optional in Kombination mit einem ätherischen Öl? Damit Dein Gehirn lernt, dass Deinem Körper keine Gefahr droht vor einer unangenehmen Handlung? Genau das meine ich mit dem Setzen eines Ankers. Und mit jedem Mal, wenn Du diesen Anker setzt und die Herausforderung annimmst, wird es leichter.

Zudem können Dir Achtsamkeit und das Halten Deines Fokusses auf das HIER und JETZT eine weitere Unterstützung bieten. Denke dabei an ein Treffen, oder an eine konzentrierte Arbeit, während der Du die Zeit vergisst ... Funktioniert ja ganz prima, nicht?

Trotz dieser Tatsache noch einmal, ganz wichtig: Es sollte immer für DICH machbar sein. Es macht keinen Sinn, wenn Du Dich überforderst oder zu etwas überreden lässt, das sich zum jeweiligen Zeitpunkt nicht richtig anfühlt. Du sollst Deine Komfortzone dann verlassen, wenn ein Fünkchen Wille und Mut vorhanden ist und Du Dich einigermaßen gut fühlst dabei. Auch kleine Schritte führen zum Ziel!

Andererseits weißt Du auch, dass Deine Gewohnheiten bzw. Deine Erfahrungen, die mit unterschiedlichen Emotionen verknüpft im Gehirn gespeichert sind, unter anderem das Resultat einer Unsicherheit sein können. Dein Gehirn ruft ab, was es kennt. Und deshalb wirst Du für Dich am besten wissen und entscheiden können, wie Du beginnst, Deine Komfortzone zu verlassen.

Eine weitere Möglichkeit für das Verlassen Deiner Komfortzone könnte sein, dass Du Dich für ein Online-Seminar Deiner Wahl anmeldest. Vielleicht fühlst Du Dich oft alleine, möchtest jemanden kennenlernen, um Dich auszutauschen, und trotzdem nicht unter Leute gehen. Vielleicht wolltest Du auch schon lange einmal etwas ausprobieren oder kennenlernen, aber Dir fehlte der Mut?

Dann empfehle ich Dir, geh mal ins Internet und schaue Dir die diversen Kurs- oder Seminarangebote an. Die Auswahl ist riesig ... Von Kochkursen, über Bastelgruppen, Nähkurse bis hin zum Yoga-, Fitness- oder Hundetraining. Du wirst vieles finden – kostenlose Angebote inklusive. Die heutige Technik macht es möglich, dass wir auch virtuell miteinander verbunden sein können. Du musst Dich einfach nur dafür öffnen.

Ich bin ja ein Mensch, der Papier und Bücher mag. Der Computer und mein Handy waren lange Zeit einfach ein Mittel zum Zweck

und gehörten zu meiner täglichen Arbeit, weil es anders nicht möglich war. Wenn etwas nicht funktioniert hat, habe ich mich geärgert und einen Kollegen oder die Techniker gerufen.

Heute bin ich unendlich dankbar für meinen Computer und die Möglichkeit, Freunde, Verwandte und Bekannte über die elektronischen Kanäle zu sehen und mit ihnen in Verbindung zu sein. Klar ist es anders … Aber hey, mach mal eine Liste … Schlussendlich ist es meine Einstellung zum Ganzen. Und, in welcher Energie bzw. Emotion befinde ich mich, wenn ich Vergleiche ziehe, weil es anders vielleicht besser wäre? Genau … im Mangeldenken.

Ich bin also für meine Verhältnisse in das sogenannte „kalte Wasser" gesprungen. Habe meinen Bedenken keinen Raum mehr gegeben und mich mit meinem Computer auseinandergesetzt. Über die Suchbegriffe im Netz um Hilfe gebeten und mich über alle diese Möglichkeiten, die mir die heutige Technik bietet, gefreut. Weil ich nicht mobil war und auch (noch) nicht wieder Vollzeit arbeiten konnte, habe ich begonnen, an Online-Seminaren teilzunehmen. Ich wurde Teil der „Enjoy this Life"-Community und konnte so meinen Tagen ein wenig Struktur verleihen. Schritt für Schritt, in meinem Tempo und je nach Befinden … Denn noch einmal: Der Weg ist das Ziel.

Ich möchte Dich ermutigen, heute und die nächsten Tage, Wochen, Monate immer wieder Deine Komfortzone zu verlassen. Tue irgendetwas, das Du sonst nicht machst. Tue etwas, das Dich einen Schritt näher an Deine Ziele bringt und Dir Spaß machen könnte.

Weißt Du, Träumen, Visualisieren und neue Ziele setzen ist wunderschön, doch das alleine bringt Dich nicht weiter, Du solltest schon auch etwas dafür tun. Somit kann diese Übung ein erster Schritt für neue unentdeckte Emotionen und Gewohnheiten in Deinem Leben sein.

Sei mutig und hab einen tollen Tag!

Nimm Dir, was Du brauchst

Nimmst Du noch jeden Abend Deinen Gegenstand, oder benutzt Du ein ätherisches Öl vor dem Schlafengehen und bedankst Dich für das Schönste, was an Deinem Tag passiert ist? Wie sieht es aus mit der Körperpflege und dem Morgenritual, hast Du die Gewohnheiten bereits integriert? Nutze den heutigen Tag für eine Übung, die Dir besonders schwergefallen ist, oder wiederhole eine Übung, von der Du glaubst, dass sie Dich heute unterstützen könnte.

Vielleicht sind Dir die neuen Gewohnheiten, die Achtsamkeit und der Fokus auf das JETZT ganz einfach auch zu viel …

Kannst Du Dich erinnern, dass ich anfangs völlig überfordert war, als ich zum ersten Mal so ein 30-Tage-Programm begonnen habe? Ich habe es gerade mal die ersten Tage geschafft und habe dann wieder abgebrochen und nach einer kurzen Pause wieder von vorne gestartet. Weißt Du, das ist absolut okay und meiner Erfahrung und persönlichen Meinung nach auch das Beste, was Du tun kannst.

Wir können unser Leben, Denken und Handeln nicht so einfach von heute auf morgen verändern. Bedenke bitte, wie es sich verhalten könnte, wenn Dich ein Ereignis von außen zwingen würde, Dich umgehend an eine neue Situation anzupassen. Das kann ein Beinbruch, eine Krankheit, der Verlust eines geliebten Menschen oder Deiner Arbeit sein. In solchen Momenten können wir auch nicht einfach auf Knopfdruck damit umgehen, geschweige denn die Situation annehmen und uns direkt neu ausrichten.

Selbstverständlich kann sich aber auch nichts ändern, wenn Du dieses Arbeitsbuch einfach durchliest und im Anschluss vieles wieder vergisst und Deine früheren Gewohnheiten beibehältst. Ein bisschen unangenehm darf es schon sein! Jede Veränderung beginnt mit einer Herausforderung, und die gilt es zu meistern.

Meine Empfehlung an Dich lautet: „Glaub an Dich, gehe in kleinen Schritten weiter. Sei geduldig und hab Vertrauen. Gib Dein Bestes und übe Dich täglich in Dankbarkeit."

Also verbringe heute ein bisschen Zeit mit Dir, mach etwas, was Dich erfüllt und freudige Emotionen hervorbringt! Flute Deinen Körper mit Glücksgefühlen ...

Abgesehen von meinen Liebsten und der Musik sind es bei mir Träumereien über meine Visionen, unsere Wohnraumeinrichtungen, oder Gartengestaltung, die mich glücklich machen und mir einen Energieschub verleihen können. Ein Spaziergang im Wald macht meinen Kopf frei und bringt mir meist neue Ideen. Tja, und das Internet und die darin enthaltenen Bilder machen es möglich, dass Visualisieren gar nicht mehr so schwierig scheint ... Und wenn ich dann mein Visionsboard mit tollen Bildern und meinen Zeilen ergänze und mit Glitzer und Herzen schmücke, fühle ich mich schon viel besser.

Genieße Deinen Tag und mach was draus!

Persönlichkeitsentwicklung, Selbstheilung und ätherische Öle

Falls Du Dich nun fragst, warum ich die Persönlichkeitsentwicklung in Zusammenhang mit der Selbstheilung und ätherischen Ölen bringe, möchte ich Dir in diesem Kapitel aufzeigen, dass das eine das andere nicht ausschließt. Im Gegenteil, nicht nur die Aromatherapie kann jeden körperlichen und emotionalen Prozess wertvoll unterstützen, sondern auch die Persönlichkeitsentwicklung.

Persönlichkeitsentwicklung bedeutet für mich präsent sein, hinschauen, erkennen, annehmen und mit einer neuen Denk- und Handlungsweise Schritt für Schritt sein Leben zu verändern.

Die Aromatherapie ist meine Leidenschaft und ich bin immer noch jeden Tag unglaublich dankbar, dass ich vor sechs Jahren meine Komfortzone verlassen und noch während meiner Krankheit meine Freundin zu einer Informationsveranstaltung rund um ätherische Öle begleitet habe. Wenn ich daran zurückdenke ... Voller Zweifel, Ängste und ohne Energie hoffte ich, diesen Abend wohlbehalten hinter mich zu bringen ... Das ist allerdings eine Geschichte, die ich parallel zu diesem Buch auch schon in meinem persönlichen Blog niedergeschrieben habe.

Zurück zur Persönlichkeitsentwicklung und Selbstheilung: Wenn Du unzufrieden, gestresst, oder gar gesundheitlich nicht fit bist, dann bist Du nicht in Deiner Kraft und Dein Immunsystem wird geschwächt. Deshalb kannst Du mit Persönlichkeitsentwicklung, sprich mit einem Umdenken, neuen Routinen und Gewohnheiten Deine Selbstheilung aktivieren und Dein

Immunsystem unterstützen und stärken. Gleichzeitig trainierst Du Dein Gehirn dahingehend, alten Gewohnheiten und Denkmustern weniger Raum zu geben. Denke an die Achtsamkeit und meine Tipps an Tag 16 dieses Buches.

Ansonsten folgt hier – ich weiß, zum x-ten Mal – eine kleine Erinnerung: Wenn Du einem geliebten Hobby nachgehst, eine Plauderstunde mit einer Freundin oder einem Freund genießt, oder konzentriert an einer Aufgabe arbeitest, dann fühlst Du Dich gut, weil Du nämlich vergessen hast, an Deine To-do-Liste oder Deinen Mangel zu denken. Wenn Du im Anschluss nach Hause fährst, oder der Alltag Dich wieder begrüßt, sind sie wieder da – die Stimme, der innere Kritiker, somatische Marker oder Trigger, die sich melden.

Was heißt Selbstheilung? Was bedeutet denn überhaupt Gesundheit? Hast Du Dich schon einmal damit auseinandergesetzt?

Ich bitte Dich, an dieser Stelle kurz zu unterbrechen und Dir dazu ein paar Gedanken zu machen.

Natürlich haben mich diese Themen über ein paar Jahre praktisch täglich begleitet. Das ist Dir wohl kaum entgangen beim Lesen der letzten Seiten. Auch würde ich nicht hier sitzen und mit Dir meine Erfahrungen teilen, wenn dem nicht so wäre.

Damit meine Selbstheilung aktiviert werden konnte, sollten die Ärzte zuerst einmal herausfinden, was mir fehlte … Das war für mich schon die Grundvoraussetzung … Und Gesundheit bedeutete für mich absolute Vollkommenheit, keine Beschwerden, selbständig, frei und glücklich zu sein. Was für ein Trugschluss … weiß ich zumindest heute … Ich habe völlig außer Acht gelassen, dass ich auch mit einem vermeintlichen Mangel oder gesundheitlichen Beschwerden zufrieden, oder gar glücklich und erfüllt sein kann. Ich durfte erkennen, dass es immer jemanden gibt, der mit mir tauschen würde, weil noch so viel Gutes in und um mich herum war, das ich nicht gesehen habe. Du weißt mittlerweile, warum das so war … Ich war in der Opferrolle gefangen und so auf meine Krankheit und meinen körperlichen Zustand fokussiert, dass kaum mehr Platz für anderes da war. Ich weinte allem nach, was zum damaligen Zeitpunkt nicht mehr greifbar war und übersah berührende Momente, neue Möglichkeiten und kleine Fortschritte während meiner Krankheiten und dem anschließenden Genesungsweg.

Krankheit, Trauer oder ein gefühlter Mangel sind allerdings nicht die Themen dieses Arbeitsbuches. Ganz wichtig zu wissen: Ich möchte Dir nicht nur Möglichkeiten für eine Veränderung in Deinem Leben, zur Aktivierung der Selbstheilungskraft und der Aromatherapie nahebringen. Nein, ich möchte Dir vor allem zeigen, **wie Du mithilfe neuer Routinen und einer neuen Denkweise Deine Gesundheit stärken kannst.**

Glaube mir: Ich sollte es wissen, weil ich diesen Weg aus einem tiefen Tal wieder hinauf auf den Gipfel ganz allein geschafft habe! Selbstverständlich standen meine Familie und zwei, drei mir nahestehende Personen immer an meiner Seite, keine Frage … Dank dieses Umstands und meinem bis zur Krankheit wunderbaren Leben hat es sich für mich auch immer wieder gelohnt, zu kämpfen, Mut und Ausdauer zu beweisen.

Es ist mir allerdings sehr wichtig, an dieser Stelle noch einmal ausdrücklich festzuhalten, dass ein Arztbesuch je nach Thema und Beschwerdebild unumgänglich und notwendig ist, vor allem wenn es um Krankheiten oder deren Ausschluss geht!

Ich konzentriere mich mit meinen Tipps wie auch in meinen Beratungen wann immer möglich auf den nachfolgend für mich definierten Leitsatz:

„Nicht die Suche nach Ursachen und die Behebung von Krankheiten oder Problemen stehen im Fokus, sondern die Beachtung von schützenden Ressourcen und die Aktivierung von Stärken." Diese sind nämlich IMMER da und warten darauf, entdeckt zu werden, denn …

„Die Gesundheit ist ein Zustand des vollständigen körperlichen, geistigen und sozialen Wohlergehens und nicht nur das Fehlen von Krankheit, oder Gebrechen."*
*Einleitung der Verfassung der Weltgesundheitsorganisation

Und genau da setzt beispielsweise auch die Aromatherapie an. Eine Pflanze bildet ihr ätherisches Öl zum Schutz, als Lockstoff, zur Fortpflanzung und Arterhaltung. Deshalb könnte man es auch als Immunsystem der Pflanze bezeichnen. In den ätherischen Ölen steckt sozusagen die gebündelte Lebenskraft einer Pflanze. Und da wären wir beim Titel dieses Tages: Persönlichkeitsentwicklung, Selbstheilung und ätherische Öle.

Wenn Du bereits mit den Möglichkeiten der Aromatherapie vertraut bist, dann hast Du bestimmt schon sehr viele persönliche Erfahrungen machen dürfen.

Solltest Du jedoch beim Lesen meines Buches zum ersten Mal in Kontakt mit den Möglichkeiten der Aromatherapie gekommen sein, wirst Du auf den nächsten Seiten noch weitere Informationen über diese Kraft der Natur lesen können. Denn ich hoffe natürlich, dass ich Deine Neugier geweckt habe und Du ätherischen Ölen eine Chance geben wirst.

Ätherische Öle können die Selbstheilung auf unterschiedliche Weise unterstützen oder aktivieren und als wertvolle Begleiter in der Persönlichkeitsentwicklung eingesetzt werden.

Heilung, oder eine Veränderung, kann meiner Meinung nach allerdings immer erst stattfinden, wenn man annimmt bzw. akzeptiert, was ist. Tja, und das ist ehrlich gesagt nun mal nicht immer ganz einfach.

Denke an die Achtsamkeit und das JETZT – sei immer im Moment. So trainierst Du automatisch auch das Annehmen einer Situation ... Zur weiteren Unterstützung kann auch besagte Liste Deine Einstellung und Sichtweise zu einer Situation verändern.

Und um loslassen zu können ist es zudem auch wichtig, dass Du Dich auf Neues fokussierst, Zeit mit Dingen verbringst, die liebevolle und freudige Emotionen in Dir entfachen. Beachte bei Bedarf noch einmal Tag 17 zu den Themen Achtsamkeit und Loslassen.

Ich bin wieder abgeschweift ... Kommen wir zurück zum eigentlichen Thema dieses Kapitels, der Selbstheilung. Heilung kann dann stattfinden, wenn Du Dich gutfühlst. Schaffe möglichst viele Wohlfühlmomente in Deinem Alltag, gerne mit einem ätherischen Öl kombiniert. Dein Immunsystem wird durch diese Auszeiten mit DIR automatisch unterstützt und kann Dich wieder in Deine Kraft bringen.

Zu den Atempausen mit einem ätherischen Öl möchte ich noch eine kurze Ergänzung anbringen. Suche Dir bitte für emotionale Themen nie ein ätherisches Öl aus, weil Du einen vermeintlichen Mangel bekämpfen möchtest. Ich empfehle Dir, bei der Auswahl eines ätherischen Öls immer der Nase nachzugehen. Das hört sich vielleicht etwas fremd an und widerspricht bereits Gelerntem aus unterschiedlichen Quellen. Ich kann Dich nur bitten, mir diesbezüglich zu vertrauen, denn Deine Nase weiß genau, was Dir und Deinem Körper guttut. Wenn Du ein Öl heute nicht gerne riechst, so kann es ein paar Wochen später Dein absoluter Lieblingsduft sein. Warum das so ist, gebe ich gerne in meinen Vorträgen und Weiterbildungen weiter. Das würde den Rahmen an dieser Stelle sprengen ...

Einen kleinen Erfahrungsbericht zu diesem Thema möchte ich trotzdem mit Dir teilen und hoffe, dass Du durch meine Ausführungen verstehst, was mit meiner Empfehlung, „der Nase nachzugehen", gemeint ist.

Bergamotte war eines der ersten ätherischen Öle, das ich mir aufgrund der gefundenen Hinweise in der Literatur bestellt habe. Es sollte mir die innere Unruhe nehmen und mir Lebensfreude einhauchen. Weil ich es noch nicht besser wusste, habe ich ätherische Öle zur „Symptombekämpfung" ausgesucht …

Ich kann Dir sagen, ich hatte fast einen Brechreiz, als ich die Flasche zum ersten Mal geöffnet habe. Ich fühlte mich zu diesem Zeitpunkt körperlich besser, aber ich empfand keine Freude mehr, hatte immer diese Unruhe bis hin zu Angstzuständen und wünschte mir einmal mehr, dass „jemand" – in diesem Falle das ätherische Öl der Bergamotte – mich unterstützen und „gesund machen" könnte.

Von der früheren Powerfrau – gepflegt, keine Probleme damit, in der Menge zu sprechen – war ich zu einer schüchternen, ängstlichen Person geworden, die sich nicht mehr zeigen wollte, die Angst hatte, zu wenig Kraft zu haben, sich zu überfordern oder einen erneuten Rückschritt im Genesungsprozess zu machen. So oft musste mich jemand irgendwo abholen, nach Hause oder zum Arzt bringen, weil ich es nicht mehr geschafft habe.

Ich wollte auch nirgendwo mehr hingehen, wo ich auf meine damals aktuelle Arbeitssituation und den Krankheitsfall hätte angesprochen werden können, weil ich immer das Gefühl hatte, von Mitleid umgeben zu sein und mich rechtfertigen zu müssen.

Zurück zur Bergamotte … Heute weiß ich, dass mein Zustand auf das hormonelle Ungleichgewicht aufgrund der jahrelangen Entzündungswerte und Medikamenteneinnahme zurückzuführen war, und das ätherische Öl der Bergamotte hätte dieses Ungleichgewicht nicht richten können … Es vergingen neun Monate, bis ich wieder zu dieser Ölflasche griff. An diese Zeitspanne kann ich mich deshalb so genau erinnern, weil ab dem Kennenlernen der ätherischen Öle bis zu meiner ersten Ausbildung genau neun Monate vergangen sind.

Zwischenzeitlich haben sich glücklicherweise durch den Besuch bei der Gynäkologin die Themen Unruhe, Angst und Energielosigkeit geklärt und wir haben bei der Ursache angesetzt, sodass ich mich nebst der Hormonersatztherapie mit anderen ausgesuchten ätherischen Ölen unterstützen konnte.

Ich habe also mit meiner ersten Ausbildung rund um die Aromatherapie gestartet und das ätherische Öl der Bergamotte wurde mir geschenkt, mit der Auflage, über dieses Öl zu recherchieren und einen entsprechenden Vortrag vorzubereiten. Nun ... Da saß ich also mit zwei Flaschen ätherischen Bergamotte-Öls und öffnete vorsichtig die erste Flasche. Du kannst Dir vorstellen, dass ich dieses Öl bis zu diesem Auftrag verdrängt hatte ... Und siehe da: Ich mochte den Duft plötzlich unglaublich gerne. Bis heute ist die Bergamotte – übrigens das Öl der Selbstannahme – einer meiner liebgewonnenen treuen Begleiter im Alltag.

Ein paar Zeilen für Deine persönlichen Notizen und Erkenntnisse:

_____

_____

_____

_____

_____

_____

_____

_____

_____

_____

_____

_____

_____

_____

_____

_____

_____

_____

„Es ist nicht genug, zu wissen, man muss auch anwenden.
Es ist nicht genug, zu wollen, man muss auch tun."
Johann Wolfgang von Goethe

Finde Deine Stärken

Im letzten Kapitel habe ich über die Beachtung von schützenden Ressourcen und die Aktivierung von Stärken gesprochen. Solltest Du Dich gefragt haben, wie Du Deine Stärken finden und entsprechend unterstützen kannst, dann könnte Dich dieses Kapitel inspirieren.

Es ist bestimmt nicht immer ganz so einfach in unserer meist hektischen, leistungsorientierten Gesellschaft. Es beginnt schon in der Schule. Wir sollten in allen Schulfächern Meisterleistungen erbringen, obwohl das meiner Meinung nach fast ein Ding der Unmöglichkeit ist. Selbstverständlich kann man mit Lernen viel erreichen. Es zeichnet sich allerdings schnell ab, wo welches Kind seine Stärken entwickelt, aufblüht und in welchen Bereichen es arbeiten muss, um mit der Masse und bei Prüfungen bestehen zu können.

Zudem wird uns schon früh unbewusst vorgelebt, dass man sich anpassen, anstrengen und in manchen Fällen auch ändern soll, um dies und jenes zu erreichen, oder in die Gesellschaft zu passen. Zugegeben, es gibt Situationen, da gehört sich das auch – keine Frage. Dieser Umstand kann aber auch dazu führen, dass sich falsche Glaubenssätze festsetzen, oder wir beginnen, Vergleiche zu ziehen. Und Letzteres ist ja mitunter etwas vom Dümmsten, das wir tun können. Wenn Du nicht mehr glücklich sein möchtest, musst Du nur beginnen, Dich, Deine Situation, Deine Eigenschaften, Dein Äußeres mit anderen Umständen oder Menschen zu vergleichen. Aber das ist auch wieder ein anderes Thema …

Du solltest erkennen, dass jede gefühlte Schwäche, oder etwas, das man nicht hat, im Umkehrfall auch eine Stärke ist oder etwas Positives mit sich bringt. Alle Menschen und Situationen haben ihre Stärken oder positiven Eigenschaften, es gilt sie einfach zu erkennen.

Bist Du beispielsweise schüchtern und möchtest nicht auf Menschen zugehen oder vor vielen Leuten sprechen? Ja und? Dann ist das so – bekämpfe nicht den Mangel und suche Deine Stärken.

Du kannst nach dem gleichen Prinzip vorgehen wie mit der Liste und einer für Dich ungünstigen Situation, für die Du zehn damit verbundene positive Aspekte notiert hast.

Nimm ein Stück Papier, oder verwende nachfolgende freie Zeilen und schreibe Dir zehn Eigenschaften oder Charakterzüge auf, die Du an Dir schätzt und die auf Dich zutreffen.

Das könnte dann beispielsweise so aussehen:

Obwohl ich schüchtern bin und nicht gerne auf Menschen zugehe:

- lese ich Bücher und eigne mir Wissen an.
- verbringe ich gerne Zeit mit mir.
- schätzen meine Arbeitskollegen meine ruhige und ausgeglichene Art.
- bin ich sehr kreativ.
- bin ich sehr einfühlsam und verständnisvoll.
usw. usf. …

Siehst Du, was ich meine?

Ein weiteres Beispiel:

Ich kann kaum stillsitzen, bin vorlaut und brauche immer eine Beschäftigung.

Jemand, der schüchtern ist, könnte jetzt denken: „Wow, wie cool ist das denn …" Weißt Du, derjenige, der überhaupt nicht schüchtern ist, wünscht sich auch dann und wann genau das Gegenteil. Er/sie bemüht sich, stillzusitzen, nicht sofort das Wort zu ergreifen und nicht voreilig zu handeln … Kaum vorstellbar, oder?

Also suchen wir hier auch nach möglichen positiven Eigenschaften einer eher draufgängerischen Person:

- Ich lerne viele Menschen kennen.
- Ich bin mutig.
- Ich bin viel und gerne unterwegs.
- Meine Arbeitskollegen schätzen meine direkte Art.
- Ich habe einen großen Bekanntenkreis.

usw. usf. …

Welche Eigenschaften magst Du nicht an Dir und möchtest Du gerne verändern?

Das war jetzt eine Fangfrage, denn ab heute hast Du keine Eigenschaften mehr, die Du bekämpfen möchtest. Nein, Du wandelst durch genaues Hinschauen alle vermeintlich negativen Eigenschaften auf die positive Seite und unterstützt Dich mit Deiner neuen Denk- und Handlungsweise und optional mit der Anwendung von ätherischen Ölen.

Freue Dich über die neu entdeckten Stärken und Vorteile, die Deine Eigenschaften mit sich bringen. So kannst Du auch gleich in die richtige emotionale Schwingung kommen und Dir zusätzlich Gutes tun. Ich wiederhole mich so oft, dass Dir mittlerweile bestimmt vollkommen klar ist, warum diese Gefühle so wichtig sind. Deine Emotionen sind entscheidend für Veränderungen und neue Pfade in Deinem Gehirn.

Bevor Du nun zum nächsten Tag oder Kapitel übergehst, noch einmal meine Aufforderung:

Mach Deine Liste und notiere Dir Deine Stärken und denke stets daran:

DU BIST LIEBENSWERT UND WERTVOLL!

Magie in Deinem Leben

Ich möchte noch einmal auf die Magie zurückkommen. Wie kannst Du die Magie wahrnehmen und was verstehe ich persönlich unter Magie im Leben?

Magie bedeutet für mich alle erhaltenen Zeichen im Alltag. Dass ein Tag oder ein Projekt genau so, wenn nicht sogar besser wie gedacht über die Bühne geht. Wenn wir im Fluss sind und uns das Gewünschte zufällt, Projekte mühelos gelingen und wenn sich alles zusammenfügt und passt.

Oder, wie in meinem Beispiel mit dem Lied aus der Soundbar ... Da wusste ich doch beispielsweise nicht, wie ich möglichst einfach aufzeigen kann, was Loslassen bedeutet. Ich habe eine Schreibpause eingelegt, ging mit unserem Hund spazieren und als ich zurück nach Hause kam, ertönte das passende Lied aus dem Wohnzimmer.

Du darfst lernen, die Zeichen zu erkennen und dankbar anzunehmen. Ich bin überzeugt, dass wir tagtäglich geführt und unterstützt werden. Jede Begegnung, auch jedes gefühlte Ärgernis ist dazu da, Dich wachsen zu lassen oder in Deine Kraft zu bringen und Dir Hinweise zu geben. Das Universum kommuniziert ständig mit uns.

Auch wenn ich bei Unsicherheiten oder vor Entscheidungen entsprechende Hinweise in Form von einem Lied, einem Beitrag, Artikel, oder einer Begegnung bekomme, so nehme ich sie auch nicht immer wahr,

oder kann diese wahrscheinlich auch nicht richtig deuten. Manch-
mal rede ich mir sogar gewisse Hinweise einfach schön ... Vor allem
wenn sie nicht in meinen Tagesplan passen. Die Quittung kommt
dann meistens ziemlich schnell ... Tja, so läuft das halt ...

Ich möchte Dir noch weitere mögliche Beispiele nennen, die Du
zwar bestimmt nicht als Magie wahrnimmst, die Dir aber wertvolle Wegweiser sein können:

Du bist gestresst, hektisch und ärgerlich unterwegs. Du bist also
nicht bei Dir und schleppst Dir nicht dienliche Emotionen mit
herum. Was geschieht dann meistens in solchen Momenten?
Genau ... Es läuft nicht wie geplant, Du vergisst etwas, stehst
im Stau, stößt Dir Deinen Zeh, stolperst, oder es fällt Dir etwas
herunter. Die Aufzählung könnte noch um einiges verlängert
werden ... Auch das sind Zeichen in Form einer Aufforderung,
dass Du Deine Emotionen und Deine Reaktion auf ein bevor-
stehendes oder aktuelles Thema ändern darfst.

Wobei ich mir natürlich wünsche, dass Dein Start in den Tag
inzwischen gefüllt ist von positiven Emotionen und Dankbarkeit. Dass Du gar nicht in Versuchung kommst, Dir destruktive Gedanken zu machen bei Deiner Morgentoilette. Und falls
Du Dich morgens mit Zahnpasta bekleckerst, oder Dir den Zeh
stößt, Dir Kaffee über die frisch gebügelte Hose schüttest, dann
weißt Du jetzt, dass das Hinweise sind, einen Gang zurückzuschalten, Deinen Fokus zu ändern und wieder ins Vertrauen
und in die Dankbarkeit zu kommen.

Wenn ich persönlich so zurückdenke, was mir vor allem unmittel-
bar vor meiner Erkrankung immer so passiert ist ... Vieles lief nicht
mehr so rund wie gewohnt.

So habe ich auch nicht wahrgenommen, dass ich mich immer mehr
in destruktiven Gedanken verstrickt habe. Dass ich in die Opferrol-
le gefallen und meinem Umfeld nicht mehr respektvoll begegnet bin.

Ich hetzte mich durch den Tag und wünschte mir eine Veränderung, mehr Energie und Zeit. So habe ich mich verloren in den Erwartungen an meine Familie und mein Arbeitsumfeld. Wenn ich mir den Zeh gestoßen habe, weil es vielleicht einfach nicht der richtige Moment war, auch noch staubzusaugen, während auf der Herdplatte das Mittagessen brutzelte. Und wenn dann auch noch die Pfanne beim Abwasch aus meinen Händen fiel, dann passte das natürlich zu den vorangegangenen Ereignissen und meiner damaligen inneren wütenden und destruktiven Haltung, immer alles alleine bewältigen zu müssen.

Selbstverständlich lief es an solchen Tagen auch auf der Arbeit nicht rund. Ich war in meinen negativen und verurteilenden Emotionen gefangen und meine Gedanken kreisten nur um das, was andere nicht tun, oder was schiefgehen könnte. Wenn ich mich in einer gestressten und vor allem lieblosen Energie befinde, kann ich ja nichts Positives und Schönes anziehen.

Weil ich es damals nicht besser wusste, habe ich all die Zeichen nicht wahrgenommen, um einmal innezuhalten, meinen Fokus zu wechseln und etwas zu ändern. Ich wollte nicht nur alles kontrollieren, planen und perfekt sein. Nein, durch diesen hohen Anspruch an mich selbst bin ich dann auch noch in die Opferrolle und ein negatives Gedankenkino gefallen.

Zugegeben: Ich ertappe mich auch heute immer wieder dabei, einen Plan und die Kontrolle haben zu wollen. Aber ich habe gelernt, mehr Vertrauen zu entwickeln und immer das Positive zu sehen, damit ich wann immer möglich in einer freudvollen und motivierten Energie sein kann. Und ich kann Dir versichern, dass mir wirklich nur noch ganz selten ein Missgeschick passiert – wirklich! Und wenn, dann nehme ich es sofort wahr, lache über mich selbst und ändere meinen Fokus, mein Tempo oder meine Energie. Es kann so einfach sein und manchmal kann ich es selbst kaum glauben, wenn ich abends meinen Tag Revue passieren lasse und merke, was ich alles geschafft habe, ohne müde, gereizt oder gestresst zu sein.

Wir dürfen lernen, um Antworten zu bitten. Wir dürfen lernen, Zeichen zu erkennen, danach zu handeln und auf sie zu vertrauen. Wir dürfen lernen, unseren Verstand auszuschalten und wenn möglich intuitiv zu handeln.

Wenn ich emotional durcheinander bin, oder wenn ich zu wenig Vertrauen in mich und meine Gesundheit oder Fähigkeiten habe, dann bitte ich auch gerne um Hilfe. Oft grüble ich aber auch vor mich hin ... Ich grüble und grüble, bis dann der Moment kommt, an dem ich merke, dass mir die Unentschlossenheit Energie raubt und mein Optimismus und die Freude so langsam von mir abgehen ... So gehe ich wie auch schon erwähnt nach draußen, oder widme mich konzentriert und fokussiert einer anderen Aufgabe und wenige Minuten, Stunden, oder manchmal auch Tage später hat sich mein ursprüngliches Thema aufgelöst, oder es hat sich „aus dem Nichts" eine Antwort oder Lösung ergeben.

Das ist Magie für mich – wenn ich loslasse, mit freudvollen, positiven und optimistischen Emotionen unterwegs bin, dann gibt es nahezu für alles eine Lösung und es begegnen mir täglich kleine und große Wunder. Die selbst kreierten Zeichen in Form von Farben, Tieren und Gegenständen kommen einfach auf mich zu. Und wenn ich wirklich achtsam bin, dann erkenne ich die Zeichen in Form von Nachrichten, Berichten und Abläufen, die immer um mich herum sind und mich begleiten.

Gerade in diesem Augenblick schaue ich aus dem Fenster und es fährt ein Auto in MEINER Farbe die Straße entlang. Da überkommt mich doch gleich wieder ein Schauer und mein Herz füllt sich mit Glücksgefühlen und die Augen mit Tränen. Es ist einfach unbeschreiblich und ich kann Dir nur empfehlen, daran zu arbeiten, dass auch DU diese MAGIE ERLEBEN kannst.

Ich habe Dir im Kapitel und TAG 12 meine Zeichen und Anker im Alltag vorgestellt. Mit diesen von mir festgelegten Zeichen habe ich nicht nur die Achtsamkeit trainiert, sondern eben auch Vertrauen in die Antworten und Zeichen aufbauen können.

Meine Farbe ist übrigens Orange. Nicht gerade die Farbe, die es an jeder Ecke zu sehen gibt. Auch in meinem Zuhause findet sich diese Farbe kaum. Trotzdem ist es seit meiner Kindheit meine Lieblingsfarbe. Kennst Du viele Fahrzeughalter, die ein orangefarbenes Auto haben? Eher nicht, oder? Und doch kommt aus irgendeiner Ecke irgendwie diese Farbe in mein Blickfeld, wenn ich es scheinbar brauche. Genau wie gerade eben, während ich diese Zeilen schreibe. Ergänzend möchte ich noch anfügen, dass ich lediglich den Blick auf eine Landstraße in einem Wohnquartier habe, und niemand hier besitzt ein oranges Fahrzeug ... Es war auch sonst gerade weit und breit kein anderes Auto zu sehen ... Einfach nur schön ...

Auf jeden Fall wünsche ich auch Dir von Herzen ein Leben im Fluss gepaart mit vielen magischen Momenten und Erkenntnissen.

Solltest Du für Dich noch keine Zeichen definiert haben, bietet sich hier eine weitere Möglichkeit:

_____

_____

_____

_____

_____

_____

_____

Deine Gewohnheiten werden Deine Zukunft

Beginne damit, Deine bisherigen Gewohnheiten zu ändern. Du solltest nicht gleich Deinen ganzen Alltag umkrempeln, das wäre meiner Meinung nach nicht der richtige Weg und würde uns überfordern. Schließlich können wir eine unerwartete Lebenssituation auch nicht von heute auf morgen annehmen und damit umgehen. Denke im Zusammenhang mit neuen Gewohnheiten beispielsweise an meine Tipps bezüglich Verlassen Deiner Komfortzone.

Bitte erinnere Dich auch immer daran, dass unser Gehirn mindestens einundzwanzig Tage braucht, um neue Gedanken, Handlungen und Emotionen zu verinnerlichen. Und selbst nach einundzwanzig Tagen sind frühere „Programme" und Routinen noch viel kraftvoller und holen uns immer und immer wieder ein.

Deshalb empfehle ich Dir, Deine Gewohnheiten in kleinen Schritten zu ändern. Deine erste neue Handlung ist schon seit geraumen Tagen die Dankbarkeit am Abend – bei dieser Gelegenheit: Sitzt sie noch? Denkst Du jeden Abend voller Dankbarkeit an den schönsten Moment, den Dir der Tag beschert hat?

Eine weitere wirklich einfach umsetzbare neue Gewohnheit könnten auch Deine Atempausen mit Deinem Lieblingsduft sein. Ich bin überzeugt, dass Du bereits Veränderungen spüren kannst, wenn Du dieses Ritual nebst der Dankbarkeit am Abend tatsächlich täglich praktizierst.

Fahre fort mit weiteren neuen Routinen. Beginne mit einer neuen Denk- und Handlungsweise, die Dich Deinen Träumen näherbringt. Denn Du kannst nicht nur visualisieren, Ziele haben und nichts an Deinem gewohnten Verhalten ändern.

Zur Veranschaulichung, oder fürs Verständnis, möchte ich Dir wieder zwei, drei Beispiele von meiner Seite weitergeben:

Gerade dieser Tage habe ich bemerkt, dass eine Vision, die ich vor etwa sieben Jahren notiert habe, heute Wirklichkeit ist. Ja, Du hast richtig gelesen … Ich habe es jetzt erst realisiert … Damals, zu Beginn meiner Genesungsphase, habe ich mir darüber Gedanken gemacht, wie meine berufliche Zukunft aussehen könnte. Soll ich zurück in meinen alten Job, den ich eigentlich immer gerne ausgeübt, aber unter den neuen Umständen nicht mehr mit Leidenschaft verfolgt habe? Oder möchte ich etwas ganz anderes, womit ich sonst ein Einkommen generieren könnte? So suchte ich nach meinen Stärken, bzw. notierte mir, was ich wirklich gerne tue und beobachtete, bei welchen Tätigkeiten mein Herz aufgeht.

Ich habe während meiner Krankheit festgestellt, dass ich die letzten Jahre unser schönes Zuhause gar nicht mehr genießen konnte. Mit meinen 100 % für Job, Familie, Haushalt und Garten habe ich einfach funktioniert. Ich entdeckte die Freude an der Gartenarbeit wieder, habe unser Zuhause neu dekoriert und mir wieder mehr Zeit genommen, um zu backen und zu kochen. Da ging mein Herz tatsächlich auf … Aber … Damit verdiene ich ja kein Geld … Ständig meine Gedanken … So habe ich mich immer wieder damit beschäftigt, herauszufinden, womit ich ein Einkommen generieren könnte. Ich habe in meinem Leben bis auf die Bügel- und Reinigungsarbeiten für Drittpersonen nie des Geldes wegen gearbeitet. Meine Arbeit mit Menschen und „Zahlen" haben mir immer Spaß gemacht und ich habe sie stets als mein Hobby bezeichnet.

Also, womit könnte ich künftig etwas Geld verdienen … Ich bin gerne für andere Menschen da und freue mich unglaublich, wenn ich ihnen zuhören und ihnen mit meiner Zeit, persönlichen Erfahrungen und Gelerntem helfen kann.

So habe ich mir ausgemalt, dass ich mich doch selbständig machen und Menschen unterstützen könnte, während oder nach einer Krankheit. Um für andere da zu sein, wenn sie sich im Leben und der neuen Alltagssituation wieder zurechtfinden müssen. Meine persönlichen Erfahrungen haben mir gezeigt, dass es schwierig sein kann, seine Liebsten um Hilfe zu bitten, nicht mehr mobil und beschämt zu sein. So könnte ich doch künftig Dienstleistungen unterschiedlicher Art anbieten?

Ich habe ein Logo entworfen, mein Notizheft gefüllt und festgehalten, was ich Schritt für Schritt unternehmen werde, um ein Geschäft aufzubauen. Die Buchführung und Support für Steuererklärungen sollten auch Bestandteil meiner neuen Geschäftsidee sein ... Das kann ich ja wirklich gut und es gibt mir Sicherheit, weil ich mich da eigentlich auskenne. Ehrlich gesagt auch mit dem Hintergedanken, das nötige Kapital zu generieren, um meine Selbständigkeit zu finanzieren. Meine künftigen Dienstleistungen könnten aus Einkäufen, gemeinsamen Spaziergängen, Fahrdiensten bis hin zum Erstellen von Steuererklärungen bestehen. Zudem würde ich Plauder- oder Spielstunden für einsame Menschen anbieten wollen.

Um möglichst schnell in das Gefühl meines geplanten Berufsalltags zu kommen, habe ich begonnen, meine Gewohnheiten zu ändern und mich morgens entsprechend zurechtgemacht. Ich habe Werbeflyer entworfen, anstatt zu putzen, vor Facebook zu sitzen oder zu grübeln. Wenn ich mit dem Hund unterwegs oder einkaufen war, habe ich mir vorgestellt, dass ich diese Tätigkeiten in Begleitung ausüben und sogar etwas verdienen würde. Es hat sich schon fast real angefühlt, denn ich konnte auch die nötigen Emotionen hervorrufen, aus lauter Dankbarkeit, wieder gesund und für andere Menschen da zu sein ... Ich habe in dieser Zeit auch viele einsame Menschen kennengelernt. Wir sind gemeinsam durch die Straßen spaziert und haben Kaffee getrunken, ohne dass ich je von meiner Idee erzählt oder Geld verlangt hätte. Im Gegenteil – es hat mir so gutgetan, einfach zuzuhören, nicht von meiner Krankheit berichten zu „müssen" und einfach unbeschwert Zeit mit jemandem verbringen zu dürfen.

Es kam der Tag einer Nachkontrolle bei meinem behandelnden Arzt: Ich stand an der Theke und mein Arzt kam mit einem Patienten aus dem Behandlungsraum. Ich sah diesen Menschen, mit der Sauerstoffflasche, wie er schwitzte, wie es ihm scheinbar körperlich und psychisch wirklich nicht gut ging und ich wusste und sagte zu mir: „Du kannst das nicht ..." Ich erkannte sofort, dass ich nicht mit Krankheiten anderer umgehen und ihnen zur Seite stehen könnte ...

Wieder zu Hause habe ich meine Idee verworfen und habe kurz darauf die ätherischen Öle kennengelernt ... Die schon einmal erwähnte Wende, ich war nicht mehr in der Opferrolle gefangen und habe erkannt, dass ich täglich im Mangeldenken gefangen war. Was so eine neue Haltung mit den entsprechenden Emotionen so alles ins Leben bringen kann. Einfach schön, nicht wahr?

Als ich mein Vorhaben, Menschen zu begleiten und zu unterstützen, verworfen habe, habe ich übrigens automatisch auch keine Erwartungen mehr gehabt ... Dazu erzähle ich Dir auf den folgenden Seiten noch ein bisschen mehr.

Davor kommt mir noch in den Sinn ... Ein Buch wollte ich auch noch schreiben. Dieser Gedanke hat sich allerdings bereits in der ersten Phase meiner Krankheit entwickelt. Also bereits vor zehn Jahren ... Ich wollte ein Buch mit meinen Erfahrungen während der monatelangen Ursachenforschung schreiben. In erster Linie, um der Welt bzw. betroffenen Personen zu zeigen, was ein „vermeintlich kleines Virus" alles anrichten kann. Wie wichtig es ist, auf sich zu achten und was die Folgen von zu wenig Selbstfürsorge sein können.

Ich kürze das Ganze nun an dieser Stelle ab, denn Du kannst erahnen, was nun kommt ... Okay, es liegen mittlerweile zehn, bzw. sechs, sieben Jahre dazwischen. Das scheint jetzt eine wahnsinnig lange Zeit zu sein ... Die ätherischen Öle kenne ich allerdings schon sechs Jahre ... Weiterbildungen, Seminare, Erfahrungen, Kurse und neue Menschen liegen dazwischen. Und – was tue ich heute? Ich darf Menschen inspirieren, unterstützen und sie auch eine gewisse Zeitlang begleiten. Ich gehe nicht für sie einkaufen oder fahre sie von A nach B. Nein, es ist viel schöner und erfüllt mich einfach jeden Tag.

Ich teile in meinen Vorträgen und Workshops Gelerntes aus der Persönlichkeitsentwicklung und kombiniere dieses mit den Möglichkeiten der Aromatherapie zur Unterstützung von Gesundheit und Wohlbefinden.

Und ... Aktuell liest Du ja tatsächlich mein erstes Buch, dessen Inhalt zwar anders als geplant, aber hoffentlich eine Inspiration für Dich ist.

Nicht zu vergessen, ich habe nebst der Tätigkeit als aromaCOACH auch noch ein paar Buchführungsmandate, die mir aktuell meine Aus- und Weiterbildungen ermöglichen. Eines nach dem anderen ist einfach auf mich zugekommen, nachdem ich meinen Job gekündigt und mich mit einer möglichen neuen Tätigkeit auseinandergesetzt habe.

Gewohnheiten zu ändern kann sehr kraftvoll sein. Auch wenn es sich vielleicht schon fast lächerlich anfühlt, so zu tun, oder zu denken als ob ... Glaube mir, ich habe es zu Beginn auch als befremdlich empfunden und es ist mir an manchen Tagen sehr schwergefallen. Dann habe ich es auch gelassen. Wenn Dir die nötige Motivation und vor allem die nötigen EMOTIONEN fehlen, dann bringt dieses „So tun als ob" nicht wirklich viel. Wenn Du aber dranbleibst und immer wieder versuchst, etwas für Deine Träume und Ziele zu tun, dann wird es Dir immer leichter fallen, Veränderungen in Deiner Denk- und Handlungsweise vorzunehmen. Wenn Du Dich wohlfühlst, Dein Herz gefüllt ist von Liebe und Dankbarkeit, wirst Du Dinge tun, die Du Dir heute gar nicht vorstellen kannst.

Deshalb: Tu Dir wann immer möglich Gutes und vor allem etwas, das Dir Spaß macht. Denke zurück an Deine Kindheit, als es noch „normal" und selbstverständlich war, wenn Du eine Rolle gespielt hast. Sei mutig und beginne wieder Dinge zu tun, die Du schon immer gerne gemacht hast! Spring in eine Pfütze, tanze im Regen, oder fühle Dich als Kaiser oder Kaiserin.

In meiner Kindheit gab es das Handy noch nicht und Fotografien waren eine kostspielige Angelegenheit. Trotzdem besitze ich viele Fotoalben bis ins Teenageralter. Meine Mutter hat sie für mich angelegt und mir bei meinem Auszug von zu Hause mitgegeben. Das eine Bild, auf dem ich im Nachthemd, mit einem Mikrofon im Wohnzimmer stehe und mich wie die Sängerin meiner damaligen Lieblingsband fühlte … Kennst Du das? Und wenn man dann auch noch etwas Lippenstift auftragen durfte, war es einfach perfekt …

> **„Wenn es Dir nicht gefällt, wie die Dinge sind:**
> **Dann beweg Dich! Du bist kein Baum."**
> *Jim Rohn*

Du kannst nichts verändern, wenn Du in Deinen Gewohnheiten hängen bleibst. Dein Leben, oder Deine Gesundheit können sich nicht verändern, wenn es nicht ein bisschen „wehtut".

Deine Kondition und sportliche Verfassung können sich nicht verändern, wenn Du nicht langsam beginnst, etwas dafür zu tun.

Deine Partnerschaft kann sich nicht verändern, wenn Du so weitermachst wie bisher, usw. usf. Du musst schon ins Handeln kommen, über Deinen Schatten springen und alte Gewohnheiten ziehen lassen und Schritt für Schritt durch neue ersetzen.

Auch wenn ich mich hier erneut wiederhole … Beginne mit kleinen Schritten, und wenn Du kein Ziel vor Augen hast, das Du verfolgen möchtest, dann gib Deinem Gehirn neue Aufgaben:

- Halte Deine Zahnbürste in der linken anstatt in der rechten Hand.
- Gehe an einem anderen Ort einkaufen.
- Nimm das Fahrrad anstelle des Autos.
- Trau Dich, ein schon lang ersehntes Hobby in Deinen Alltag einzubauen, auch wenn Du noch kein Meister darin bist.
- Buche einen Kochkurs, oder mache eine Weiterbildung, die in die Richtung geht, in der Du Dich siehst.
- Überrasche Deine/n Partner/in und hab Vertrauen, auch wenn der gewünschte Erfolg sich nicht umgehend einstellt.

Unser Gehirn ruft ab, was es kennt … Es braucht nicht nur neue Emotionen für eine Veränderung in unserem Gehirn, sondern auch neue Denk- und Handlungsweisen!

Ich fordere Dich somit auf, zu handeln, egal was Du gerne möchtest. Beginne so zu tun als ob, investiere täglich ein bisschen Zeit in Deinen Traum und denke auf keinen Fall, dass Dir die finanziellen Mittel fehlen.

Ich schreibe das nicht so dahin, ich kann Dir versichern, dass es funktioniert und ich es immer und immer wieder erlebe. Manchmal dauert der Weg zum Ziel etwas länger und wir nehmen Umwege.

Beginne jetzt und heute, tu Dir Gutes und starte mit EINER neuen Handlung!

Und wenn Du noch immer nicht weißt, was Du wirklich möchtest und Dein WARUM noch nicht kennst, beginne Dich zu beobachten, setze Dich jetzt mit Deinen Träumen und Deinem Warum auseinander und mache Dir Notizen, bevor Du weiterliest.

Zukunft und Erwartungen

Wenn Du etwas verändern möchtest, etwas visualisiert hast, oder eben beginnst, so zu denken und zu handeln, wie Du es gerne hättest, lass Deinen Traum los und habe keine Erwartung an die Zielerreichung. Du hast das Gewünschte visualisiert, festgehalten und „beim Universum bestellt". Jetzt kannst Du einfach ohne Zweifel im Vertrauen Deinem (neuen) Alltag nachgehen, Dir Deiner Glücksmomente bewusstwerden und weiterhin dankbar sein.

Du denkst vielleicht, dass DEIN WARUM und das verbundene Ziel auch eine Erwartung ist?

Ich sehe das ein bisschen anders. Denn wenn ich weiß, warum ich etwas machen möchte, habe ich ja nicht die Erwartung, dass es dann auch genau so kommen wird. Ich weiß einfach, dass ich etwas genau aus diesem Grund haben oder tun möchte. Wie es am Ende kommt, bleibt offen und kann sich wie in meinem genannten Beispiel sogar noch steigern, oder wir nehmen noch einmal einen Umweg. Und gerade bei einem Umweg ist es wichtig, dass man keine Erwartung hat – denn … die Folge wäre ja dann die Enttäuschung – das Ende der Täuschung.

Ich habe versucht, Dir das mit meinen gebuchten Yogastunden auf-
zuzeigen. Ich habe die Yogastunden nicht besucht, weil ich Spaß da-
ran hatte. Nein, ich hatte die Erwartung, dass die Yogastunden mir
zu mehr Gesundheit verhelfen würden. Ich wollte das Meditieren
krampfhaft lernen und Entspannungsübungen praktizieren, damit

ich meine Selbstheilungskräfte aktivieren könnte. Aufgrund meiner Erwartungen, begleitet von ängstlichen Gefühlen, fühlte ich mich hinterher jedoch meist schlechter als zuvor. Die Entspannungsübungen wurden zur Qual und boten meinen Gedanken unendlich viel Raum, sodass das Meditieren erst recht nicht funktionierte. Im Gegenteil – meine Nerven lagen im Anschluss blank.

Ich kann zwar nicht Gedanken lesen, mir aber lebhaft vorstellen, dass meine Worte nicht immer greifbar und teilweise absurd klingen mögen. Wenn dem so sein sollte, kann ich Dir nur versichern, dass es mir bis vor wenigen Jahren ähnlich ergangen ist. Ich hätte lauthals gelacht, hätte mir jemand gesagt, dass ich nur fühlen, was ich mir wünsche, oder dass ich präsent und dankbar sein solle.

Allerdings ist es erwiesen, dass all meine Tipps und Praktiken der letzten Jahre, wenn man sie konsequent umsetzt, funktionieren. Meine Buchempfehlung zu diesem Thema findest Du im enthaltenen Quellenverzeichnis: „Was uns krank macht – was uns heilt: Aufbruch in eine neue Medizin". Die neuesten Studien zeigen: Psyche, Gehirn und Immunsystem wirken aufs Engste zusammen. Deshalb lohnt es sich allemal, hinzuschauen und die Richtung und Bewertungen zu ändern.

Ich möchte auch an dieser Stelle festhalten, dass ich vor allem wissenschaftlich fundierten Methoden und Möglichkeiten vertraue. Ich bin sehr wissbegierig und auch ein eher skeptischer Mensch. Eigentlich hätte ich am liebsten für ALLES einen Beweis, oder eine erwiesene Grundlage. Deshalb recherchiere ich wohl auch so viel und versuche das, was mich anspricht, auch zu testen. Ich lese unzählige Bücher und bin wahnsinnig dankbar für all die Menschen, die ihr Wissen und ihre Erfahrungen mit der Welt teilen. So bin ich nicht nur aufgrund von persönlich Erlebtem der Überzeugung, dass weder die Werkzeuge der Persönlichkeitsentwicklung noch ätherische Öle etwas mit „Hexerei" oder „Esoterik" zu tun haben.

Solltest Du jetzt neu motiviert sein, dann lade ich Dich ein, dieses Buch noch einmal von vorne zu beginnen. Nimm Dir jeden einzelnen Tag zu Herzen und verwende dieses Buch in Form eines Arbeitsbuches. Trainiere jede neue Routine und Denkweise so lange, bis sie sitzt. Nimm Dir am besten für jedes Kapitel eine bis drei Wochen Zeit und ich versichere Dir, dass Du bereits nach wenigen Tagen eine Veränderung spüren wirst.

Setze Dich niemals unter Druck und versuche nicht, alles auf einmal umzusetzen oder zu ändern. Mache Dir bewusst, was Du gerne machst und wann Dein Herz aufgeht. Vertraue darauf und handle danach.

Du wirst automatisch lernen, mit Deiner aktuellen Situation umzugehen, die positiven Anteile zu sehen und zu stärken.

Du wirst dankbar sein für das, was Du hast und das, was ist.

Nimm Dir gerne auch die Möglichkeiten der Aromatherapie zu Hilfe, denn sie ist erwiesenermaßen eine sehr wertvolle Ergänzung und Unterstützung für unser Wohlbefinden!

Wenn Du Dir noch unsicher bist mit der Anwendung der ätherischen Öle, vereinbare einen Beratungstermin mit einer Fachperson Deines Vertrauens und lasse Dir nach einem ausführlichen Gespräch ein persönliches Aromaprotokoll erstellen. Meine Klienten sind begeistert von der Wirkung und ihre Rückmeldungen sind immer wieder sehr berührend!

Für nachfolgende persönliche Zeilen habe ich mir lange überlegt, in welchem Zusammenhang ich meine eigenen Erfahrungen zum Thema Erwartungen niederschreiben soll. Die Geschichten mit den Yogastunden, dem Meditieren etc. kennst Du ja bereits …

Zudem war ich vor meiner Krankheit immer ein positiv denkender Mensch. Für mich gab es stets eine Lösung und ich startete praktisch täglich frohen Mutes in meinen Alltag. Was ich haben oder erreichen wollte, das kam auch so ... immer ... Bis zum Jahr 2009, in dem alles seinen Lauf nahm und meine Gesundheit so langsam zu bröckeln begann.

Das Entfernen der Gebärmutter im Folgejahr hat nicht gerade dazu beigetragen, dass ich mich besser fühlte. Im Gegenteil, rückblickend hat nach dieser Operation mein Leidensweg erst begonnen und ich kam mit immer weniger Höhenflügen in diese Negativspirale.

Dabei dachte ich, dass meine Schwindelanfälle und Müdigkeit Geschichte seien und meine Energie wieder zurückkommen würde. Ich habe mich nicht mit möglichen Konsequenzen dieses Eingriffs befasst und kam schon gar nicht auf die Idee, dass ich dadurch verfrüht in die Wechseljahre kommen könnte. So nach dem Motto: „Bin ja kein Arzt – nicht meine Baustelle ..."

Meine Gemütsverfassung änderte sich, ohne dass ich es zum damaligen Zeitpunkt wirklich realisierte. Nichts mehr konnte man mir recht machen, ich habe mein Leben, meinen Job, einfach alles, teilweise auch meine Familie und mich selbst infrage gestellt.

Ich wurde nicht nur launisch, sondern pflegte in der Folge plötzlich auch eine ganz andere Denk- und Handlungsweise.

Ich erkrankte am Pfeifferschen Drüsenfieber und sank weiter in mich zusammen. Körperlich verlor ich immer mehr an Energie und traute mir kaum mehr etwas zu. So habe ich also täglich erwartet, dass ich nicht durch den Tag kommen würde und dies und jenes nicht schaffen könnte. Was soll ich sagen, was Du erwartest, das bekommst Du auch. Denn die Erwartungen bzw. Gedanken sind immer mit den entsprechenden Emotionen verbunden.

Über das Epstein-Barr-Virus habe ich erst gelesen und recherchiert, als ich die Diagnose der chronischen Infektion und für CFS (chronisches Fatigue-Syndrom) bekommen habe. Dass die erste

Darmentzündung und wochenlange Antibiotikabehandlung während des Pfeifferschen Drüsenfiebers meinem Darm schaden könnte, war mir nicht bewusst. Keine Ahnung, die Ärzte hatten nicht auf die Folgen der regelmäßigen Einnahme eines Antibiotikums hingewiesen. Zudem holte ich mir solche Medikamente sowieso zwei Mal jährlich bei meinem Hausarzt. Denn auch Sinusitis war mein ständiger Begleiter.

Deshalb: Mein Learning dieser Jahre voller Angst, Zweifel, Traurigkeit und teilweise auch Wut war, dass NUR ich etwas an meiner Situation ändern kann. ICH habe jahrelang gelitten und erwartet, dass Ärzte mir helfen könnten, oder mir zumindest Glauben schenken könnten, was meine Symptome betrifft. ICH hatte bei jedem Arztwechsel die Erwartung, dass es jetzt eine Lösung gibt.

Weil diese eben ausblieb und nichts Neues zum Vorschein kam, habe ich schlussendlich nebenher selbst recherchiert und meine Gesundheit in die Hand genommen. Ich habe mit Persönlichkeitsentwicklung begonnen und nach alternativen Heilmethoden Ausschau gehalten. Ich habe Tagebücher geschrieben und versucht, dankbar zu sein für das, was noch möglich war. Jeweils von meinem Bett aus übers Netz, denn länger als eine Stunde auf einem Stuhl zu sitzen war nicht mehr möglich … Ich habe also losgelassen, versucht zu akzeptieren, was ist und nach Lösungen gesucht. Ein paar Wochen später lag ich nach einer Fußreflexzonenbehandlung mit einer weiteren Darmentzündung auf der Notfallstation. Mein Körper rebellierte und hatte keine Energie mehr.

Während des Krankenhausaufenthalts gab es da einen jungen Arzt, der sich sehr für meine Geschichte interessierte und sich meiner annahm. Ich war zwar kaum fähig, zu sprechen oder aufzustehen und doch unglaublich dankbar, dass mir Gehör geschenkt und meine Krankenakte studiert wurde. Wie auch immer, die Enttäuschung war groß, als dieser Arzt mir dann nach einer Woche mit Antibiotika intravenös und einer Empfehlung für die Einnahme von Psychopharmaka daherkam. Letzteres wollte er mir verschreiben, um die letzten knapp vier Jahre verarbeiten zu können. Er meinte, dass der Grund für meine gesundheitliche Verfassung nicht mehr die EBV-Infektion und Darmentzündung sein könne. Sie hätten nämlich zum ersten Mal Antikörper des Epstein-Barr-Virus im Blut nachweisen können.

Tja ... Das war eine so erfreuliche Nachricht für mich, dass ich sofort Hoffnung schöpfte und erwartete, dass es mir nun täglich besser gehen würde. Denn während der drei Jahre davor sagte man mir immer wieder, dass ich Geduld haben solle, und ich erhielt wie erwähnt die Diagnosen chronische EBV-Infektion mit psychosomatischen Beschwerden. Mein Körper bildete einfach keine Antikörper. Die Diagnose CFS war ja dann noch die Krönung des Ganzen.

Nun also hatte ich Antikörper und verspürte trotzdem Schmerzen im ganzen Körper, konnte kaum alleine gehen, atmen oder sprechen.

Nur wenige Tage später dann die Erlösung: Ein grässlicher Scheidenpilz war der Anfang vom Ende. Ich wurde untersucht, eine Stuhl- und erneute Blutprobe zeigten eine Candidose.

Eine gezielte medizinische Behandlung konnte gestartet werden. Neun Monate Medikamente, komplett zuckerfreie Ernährung mit vielen Höhen und Tiefen aber täglich spürbar mehr Energie standen mir bevor. Ich wurde gerettet ...

Wenn ich diesen Abschnitt nun lese, dann frage ich mich, was diese Kurzfassung meiner Krankengeschichte mit dem Thema „Erwartung" zu tun hat.

Diese Kurzfassung ist für mich die Bestätigung, dass Emotionen der Schlüssel für eine Veränderung sind. Wie Du siehst, funktioniert es auch, wenn Du Dich schlecht, wert- und hoffnungslos fühlst und im Mangeldenken bist ... Eigentlich wollte ich Dir einfach aufzeigen, dass ich zu lange Erwartungen an andere gehabt oder mich einfach aus der Verantwortung gezogen habe.

Ich danke Dir für Deine Zeit und möchte Dir sagen, dass es sich gerade so gut angefühlt hat, diese Zeilen niederzuschreiben.

Und ... Zugegeben, es ist ziemlich einfach, rückblickend die Zusammenhänge zu sehen ... und dankbar zu sein.

Nun noch meine kurze und bündige Zusammenfassung zum heutigen Tag und den Themen „Zukunft und Erwartungen":

Habe nie Erwartungen an andere, verknüpfe keine Erwartungen mit Deinen Zielen und wenn, dann habe immer die Erwartung auf das Beste!

Emotionen — Gedanken — Handlungen

Aufgrund meiner persönlichen Kurzfassung des vorherigen Kapitels und zum Verständnis, warum manche Situationen sein können, wie sie sind, möchte ich Dir nachfolgenden Satz mit auf den Weg geben:

„Du ziehst nicht an, was Du willst, sondern das, was Du bist."

Deshalb möchte ich, weil es einfach wichtig ist, noch einmal das Thema „Emotionen und daraus resultierende Denk- und Handlungsweisen" aufgreifen. Ich möchte Dich daran erinnern, wie wichtig liebevolle und aus tiefstem Herzen gefühlte Dankbarkeit für eine Veränderung ist.

Unser Gehirn ist veränderbar und kann jeden Tag neu lernen. Es ist erwiesen, dass wir neue Gewohnheiten, Handlungen und Gefühle über mehrere Tage, Wochen, ja sogar Monate trainieren, oder eben beibehalten sollten.

Vielleicht fällt es Dir schon recht leicht, tiefe Dankbarkeit zu verspüren? Oder erscheint Dir diese Übung nicht effizient und Du hast es wieder verworfen, jeden Abend für den schönsten Moment des Tages dankbar zu sein?

Wenn Du abends Deinen Tag noch einmal in Gedanken durchlebst und Du keine Dankbarkeit spüren kannst, so empfehle ich Dir, dankbar für einen Deiner schönsten Momente in Deinem Leben zu sein. Du kannst jeden Abend dankbar für diesen schönsten Augenblick sein und Dich mit diesen Gefühlen in Dein Kissen kuscheln. Es kommt nicht darauf an, wofür Du dankbar bist, sondern darauf, dass Du Liebe und Dankbarkeit spüren kannst.

Ich konnte mich auch nicht für einen neuen Tag oder meinen Körper bedanken. Zum einen, weil ich jeden Tag noch ängstlich entgegenschaute und nicht wusste, was er so mit sich bringen könnte und zum anderen, weil ja eben mein Körper für mich nicht funktionstüchtig genug war. So habe ich mich eben jeden Morgen und Abend zu Beginn für meine Familie und später noch für die ätherischen Öle bedankt. Diese Dankbarkeit konnte ich schon nach kurzer Zeit aus tiefstem Herzen empfinden, weil ich spürte, dass mir die Aromatherapie guttat und mich deren Möglichkeiten fesselten.

Wenn Du also diese Dankbarkeitsübung jeden Morgen und Abend oder während Deiner Atempausen wiederholst, wirst Du automatisch mehr schöne Erlebnisse anziehen und Dinge wahrnehmen, die bisher wohl da, aber vor Dir noch verborgen waren.

Wie dieser Tage erneut erwähnt: Eine Veränderung kann nur entstehen, wenn Du Deinem Gehirn neue Emotionen und Impulse aufgrund neuer Handlungen lieferst. Damit das gelingt, solltest Du auch Schritt für Schritt neue Gewohnheiten in Deinen Tagesablauf einbauen. Diese Gewohnheiten können sich zusammensetzen aus den Möglichkeiten der zusätzlichen Bewegung, Dankbarkeit, einem neuen Hobby bis hin zum Verlassen Deiner Komfortzone.

Ein weiterer Schritt zur Veränderung, passend zum Satz in der Einleitung, könnte dann eben das Schauspielern sein. Trau Dich, wann immer möglich, so zu tun als ob, sammle Glücksmomente, lebe in Gedanken Deine Träume und tu Dir in jeder freien Minute Gutes.

Wichtig dabei ist natürlich, dass Du auch die richtigen Emotionen bei Deinem eigenen Schauspiel hast. Und wenn sich das für Dich zu kindisch anfühlt, dann lass es einfach und praktiziere die Dinge, die Dir wirklich Spaß machen, mit denen Du Dich identifizieren kannst, damit die Freude auch wirklich spürbar ist.

Einen weiteren Zusammenhang mit dem Satz „Du ziehst nicht an, was Du willst, sondern das, was Du bist" kannst Du auch in folgendem Beispiel erkennen:

Wenn Du eine Veränderung erwartest – sei es im Job, in der Familie, von Deinem Partner bzw. Deiner Partnerin, Freunden, oder Bekannten –, dann ändere zuerst Deine Denk- und Handlungsweise! Verhalte Dich genau so, wie Du es von Deinem Gegenüber oder im Job gerne hättest!

Da fällt mir doch gleich ein weiterer Satz, der einem bekannten Zitat von Mahatma Gandhi ähnelt, ein:

„Sei Du die Veränderung, die Du Dir wünschst."

Da war er wieder … ein Angriff. „Kann ja nicht sein, dass ICH etwas ändern soll" – Mein erster Gedanke beim Lesen dieses Satzes. Es ist mir extrem schwergefallen, damit umzugehen. Zumal dieser Satz doch eigentlich MICH „kritisiert", wenn ich ihn auf mein Umfeld, meinen Job oder Bekannte beziehe …

So habe ich also in gewissen Situationen entschieden, anstatt schnaubend zu reagieren oder ungeliebte Arbeiten zu verrichten, wenn andere unentschlossen oder vermeintlich schlechter Laune waren, ganz gelassen zu bleiben, als ob mich nichts stören würde.

Ehrlich gesagt habe ich vor diesem Experiment auch jeweils eine Liste geschrieben ... Eine Liste, auf der ich notiert habe, wofür ich diesem Umstand oder Menschen von ganzem Herzen dankbar bin. Schon während des Schreibens waren sie wieder da, Emotionen der Dankbarkeit und Liebe. Wie immer ist so viel Positives einfach in Vergessenheit geraten, oder ich habe gewisse Aspekte außer Acht gelassen.

Mit dieser Technik war und ist es mir meist ein Leichtes, über gewisse Charakterzüge oder angespannte Situationen hinwegzusehen.

Das ist es, was ich Dir versuche zu erklären: Wenn Du DANKBAR-KEIT trainierst und diese auch empfindest, kannst Du gar nicht gereizt, wütend oder traurig sein, oder gar Situationen negativ bewerten. Das Leben kann viel einfacher sein, wenn man sich ein bisschen Zeit nimmt, den Mut hat, hinzuschauen und Durchhaltevermögen beweist.

Auch im Mangeldenken ziehst Du nicht das an, was Du willst, sondern das, was Du bist und fühlst. Du kannst im Mangeldenken nicht die richtigen Emotionen in Dir hervorrufen, die Dich in dem Streben nach mehr Lebensfreude und Leichtigkeit unterstützen können.

In welchen Situationen kannst Du die Veränderung sein, die Du Dir wünschst?

_____

_____

_____

_____

Ich versuche mit einfachen Worten die Botschaft eines bekannten Vortragredners, der bestrebt ist, herauszufinden, wie Menschen sich die neuesten Erkenntnisse aus der Neurowissenschaft und der Quantenphysik zunutze machen können weiterzugeben:

„Wir können ein Ereignis aus der Vergangenheit immer und immer wieder durchleben. Unter Umständen Tausende von Malen. Dieses unbewusste gedankliche Wiederholen trainiert den Körper darauf, sich an den jeweiligen emotionalen Zustand zu erinnern.

Die meisten Menschen wissen nicht, dass sie durch Gedanken an eine hochemotionale Erfahrung ihr Gehirn dazu veranlassen, exakt dieselben Sequenzen und Muster wie damals zu aktivieren. Sie verstärken diese Schaltkreise und verkabeln ihr Gehirn sozusagen mit der Vergangenheit. Im Gehirn und im Körper werden – in unterschiedlichem Maße – dieselben chemischen Botenstoffe ausgeschüttet, als ob das Ereignis soeben noch einmal durchlebt würde.“

Verstehst Du, was gemeint ist? Ich denke da vor allem an das Mangeldenken. Lies doch diesen letzten Abschnitt noch einmal und werde Dir bewusst, was also alles möglich sein kann, wenn Du statt der negativen Ereignisse, oder Deinem Mangel, immer mehr positive und schöne Momente in Gedanken erlebst. Trainiere Dein Gehirn und lasse Deinen Körper Glücksmomente erleben. Jeden Tag ein bisschen mehr …

Mach Dich mit der Kraft der Natur vertraut. Die Aromatherapie kann Dich zusätzlich unterstützen. Die Gehirnregion, das limbische System, ist zuständig für unsere Emotionen, Gefühle, das Erinnerungsvermögen und unser Hormonsystem. Eine aromatische Aufnahme eines ätherischen Öls wirkt direkt im limbische System – Düfte beeinflussen unsere Emotionen und unser Wohlbefinden.

Finde das Positive in allem und jedem

Weil Du die Listen bereits kennst und gerade auf den letzten Seiten wieder gelesen hast, was das Notieren von schönen Momenten so mit sich bringen kann, möchte ich Dir nachfolgend noch ein Beispiel aus der Praxis weitergeben:

Ich hatte unlängst ein Gespräch mit einem jungen Herrn, der sich mit ein paar körperlichen Beschwerden plagte. Wir haben uns über die Möglichkeiten der Aromatherapie unterhalten und ich habe ihm entsprechende Tipps und Anwendungsmöglichkeiten aufgezeigt. Während er an den Ölfläschlein roch und ich ihm dazu ganz kurz die Eigenschaften je Öl erklärt habe, verlief das Gespräch relativ schnell in eine andere Richtung und die körperlichen Themen rückten in den Hintergrund.

Zitrusöle haben unter anderem die Eigenschaft, erhebend und ausgleichend zu sein. So meinte mein Klient direkt: „Das brauche ich, damit ich mich auf der Arbeit besser fühle – vor allem wenn mein Chef den Raum betritt …"

Nach ein paar Fragen zu seiner Aussage zeigte sich, dass es ihm schwerfällt, morgens zur Arbeit zu fahren, und wenn ein Kontakt zu seinem Vorgesetzten bevorsteht, kommen nur Wut und Groll auf, welche sich im Magen festsetzen.

Ich habe ihn gefragt, ob es denn nicht auch freudige Momente auf der Arbeit gebe. Er hat daraufhin noch einmal betont, wie „schlimm" sein Vorgesetzter sei und dass es wirklich nichts geben würde, was ihn am Arbeitsplatz aufheitern könne. Auf meine weitere Frage, ob es

169

denn gar nichts Positives gäbe, was er seinem Vorgesetzten zuschreiben könnte, antwortete er sofort kurz und knapp: „Auf keinen Fall."

So habe ich ihn aufgefordert, noch einmal darüber nachzudenken, weil es meiner Meinung nach IMMER etwas Positives in jeder Situation gibt. Der Klient strahlte mich an und sagte: „Ich freue mich immer auf den 25. eines Monats – Gehaltszahlung" …

Da hatten wir doch endlich etwas Erfreuliches gefunden. Auch wenn das im ersten Moment komisch klingen mag, habe ich meinem Klienten geraten, dass er in Zukunft jeden Morgen und vor einer Begegnung mit seinem Vorgesetzten an den 25. des Monats denken soll. Dank seinem Arbeitgeber, der ihm eine Chance und eine Arbeitsstelle gegeben habe, könne er sich seinen Lebensunterhalt finanzieren, in die Ferien fahren, die Rechnungen bezahlen und vieles mehr.

Mein Klient richtete sich auf und strahlte über das ganze Gesicht, während er sich bedankte, weil er das Ganze noch nie von dieser Seite aus betrachtet hätte.

Selbstverständlich ist es nicht einfach, immer an die Gehaltszahlung und deren Vorteile zu denken, wenn der Vorgesetzte in der Tür steht … Aber hey – einen Versuch ist es wert und wenn es klappt, kann sich so viel verändern.

DANKBARKEIT und die Bewertung mit den entsprechenden Emotionen sind einfach unglaublich kraftvoll.

Und mit der neuen inneren Haltung aufgrund der empfundenen Dankbarkeit machte mein Klient bereits den ersten Schritt zur Veränderung, die er sich von seinem Vorgesetzten wünschte.

Ich möchte noch einmal festhalten:

Es geht nicht darum, etwas „schönzureden". Ich möchte Dir mit diesem Beispiel einfach einmal mehr zeigen, dass es IMMER einen Grund gibt, DANKBAR zu sein. IMMER ... Du wirst in jeder Situation einen guten oder schönen Aspekt finden. Manchmal nicht auf Anhieb, das ist klar ... Aber beim genauen Hinschauen, oder Verarbeiten einer Situation, wirst auch Du immer etwas Positives mitnehmen können.

Die Übung mit der Liste, sowie das Wissen, dass es IMMER etwas Gutes in einer Situation gibt, soll Dich dabei unterstützen, Deine Emotionen zu betrachten und zu lernen, einer Situation eine andere Bewertung zu geben. Mein heutiges Beispiel ist der Grund, dass ich erneut mit der Aussage komme, dass es IMMER etwas Gutes und Schönes in Dir und Deinem Umfeld gibt, das es zu stärken gilt. Genau so, wie es die Pflanzenwelt uns zeigt ...

Die Aromatherapie basiert auf dem gleichen Prinzip. Wir schützen und stärken das Gute in und um uns! Eine Pflanze bildet ein ätherisches Öl, um sich vor Umwelteinflüssen, Fressfeinden, Viren, Pilzen und Bakterien zu schützen. Zudem dient das ätherische Öl einer Pflanze als Lockstoff und zur Fortpflanzung, bzw. zur Arterhaltung der Pflanze.

Weil wir wissen, dass sich die Menschen mit den Pflanzen entwickelt haben, und unser physischer Aufbau auf denselben organischen Molekülen basiert, können wir ja erahnen, dass ätherische Öle uns nicht nur auf der emotionalen, sondern auch auf der körperlichen Ebene wertvoll unterstützen können.

Wenn wir dann auch noch den Fokus auf das Gute und Positive legen, können wir uns so viel Gutes tun und bestenfalls über uns hinauswachsen.

Es klingt so einfach ... Und ich kann Dir nur aufgrund meiner persönlichen Erfahrungen bestätigen, dass es funktioniert! Du richtest Deinen Fokus neu aus, entwickelst neue Emotionen gegenüber einer Situation oder Person und spürst die Dankbarkeit und es verändert einfach ALLES.

Zudem bin ich überzeugt, wenn Du nach wie vor morgens und abends Deine Dankbarkeit trainierst, die Magie in Deinem Leben bereits wahrnimmst, dann fällt es Dir auch leicht, diesen Tipp umzusetzen, wenn es für Dich einen Versuch wert ist, eine Situation oder eine Beziehung von einer anderen Seite zu betrachten.

Ergänzend zum aktuellen Kapitel noch einmal ein Abschnitt aus den vorherigen Seiten:

Wenn Du eine Veränderung erwartest – sei es im Job, in der Familie, von Deinem Partner bzw. Deiner Partnerin, Freunden oder Bekannten –, dann ändere zuerst Deine Denk- und Handlungsweise, wenn Du die Situation nicht verlassen kannst!

Meine Haltung und Bewertung in Bezug auf gewisse Situationen oder Menschen hat sich so verändert in den letzten Jahren, dass ich es gar nicht beschreiben kann. Ich bin meist bei mir, nicht mehr in der negativen Bewertung, und selten bis gar nie wütend. Ich ziehe auch keine solchen Situationen oder Momente mehr an ... Es ist einfach nur schön ... Eigentlich gar nicht in Worte zu fassen ... Man nennt es wahrscheinlich Vertrauen ... Oder ich habe mich so daran gewöhnt, zuerst die Situation zu betrachten und entsprechend gelassen zu bewerten ... Ich weiß es nicht ... Das Trainieren der Dankbarkeit und meine neuen Alltagsroutinen haben dazu geführt, dass meine Gedanken und Gefühle ganz neue sind und sich mit liebevollen und dankbaren Emotionen automatisch entwickelt oder zurückgemeldet haben. Selbstverständlich hat auch das jahrelange „Leiden" und „Verzichten" dazu beigetragen, das Leben von einer anderen Seite aus zu betrachten.

> „Ein Gesunder hat viele Wünsche, ein Kranker nur einen."
> Aus Indien

Ich möchte Dich ermutigen, dranzubleiben. Einundzwanzig Tage für die Festigung einer neuen Routine sind schon sehr sportlich.

Du hast während der letzten Seiten so viele Informationen bekommen, dass es gar nicht möglich ist, alles zu verarbeiten, geschweige denn direkt umzusetzen.

Nach 30 Tagen allerdings sollte das Dankbarkeitsritual am Morgen und Abend bestimmt sitzen. Vielleicht hast Du Dich auch schon von vergangenen unangenehmen Situationen verabschiedet und einen Brief geschrieben? Oder Du hast Dir auch ein Glas, eine schöne Schachtel hergerichtet und sammelst Deine Glücksmomente?

Wo siehst Du Handlungsbedarf?

_____

_____

_____

_____

_____

_____

_____

_____

Im nächsten Kapitel möchte ich Dir ein paar Inspirationen weitergeben, die Dich begleiten und täglich bei Deiner neuen Denk- und Handlungsweise unterstützen können.

Persönliche Begleiter für den Tag

Damit Du bei Deiner Morgenroutine eine kurze Erinnerung erhältst, liste ich Dir auf der folgenden Seite ein paar Ideen, teilweise aus den Übungen dieses Buches, auf. Du kannst diese Seiten kopieren und die kleinen Karten ausschneiden. Gib sie alle zusammen in ein Gefäß und lasse Dich morgens überraschen, was Dich durch den Tag, oder vorzugsweise über mehrere Tage begleiten könnte.

Du kannst das gezogene Papierkärtchen auch als Bild und Erinnerung in Deinem Handy speichern und Dir den Input alle zwei Stunden anzeigen lassen ...

Weil ich es gerne einfach, effizient und effektiv mag, sind die Texte auf den Karten auch ziemlich kurz und knackig.

Damit Du Dich bei Bedarf auch mit den Möglichkeiten der Aromatherapie unterstützen kannst, werden auch in Ergänzung ein paar Tipps mit den dazu passenden ätherischen Ölen mit dabei sein ...

Und denke bitte weiterhin auch unabhängig von den Botschaften an regelmäßige Atempausen.

Vergiss auch nicht, dankbar für den neuen Tag, für Deinen Körper, die Magie und alles, was Dich glücklich macht, zu sein!

Versuche, wann immer möglich, im Moment zu bleiben und trainiere weiterhin Deine Achtsamkeit. Sei mit Deinem Fokus, wann immer möglich, in der aktuellen Situation und Tätigkeit.

Deine Lieblingsmusik kann Dich unterstützen und Dich von einem allfälligen Gedankenkino oder der Tagesplanung in Deinem Gehirn abhalten. Es reicht völlig aus, wenn Du den ersten Termin vor Augen hast … Mit Deinen neuen Routinen wirst Du Deinen Alltag auch ohne Hektik und unnötige Gedanken prima meistern.

Kommen wir nun zu den kurzen Erinnerungen, die ich Dir auf den folgenden zwei Seiten notiert habe. Wenn Du magst, kopiere nachfolgende Seiten und nimm die Schere in die Hand, oder erstelle Deine eigenen Karten. Halte ein schönes Gefäß bereit, damit Du diese kleinen Erinnerungen hineinlegen kannst. Selbstverständlich solltest Du dann jeweils blind einen Zettel ziehen, sonst macht es ja keinen Spaß …

Ich wünsche Dir viel Freude mit dieser Spielerei und diesem Training, achtsam und mit positiven Emotionen unterwegs zu sein.

Heute bin ich spontan und sage wann und wo immer möglich „JA".	Heute verlasse ich meine Komfortzone.	Heute gönne ich mir einen mindestens 20 Minuten langen Spaziergang.
Heute mache ich ein kleines Tänzchen zu meiner Lieblingsmusik.	Heute schaffe ich in einer Ecke, im (Kühl-) Schrank, oder einem Raum Ordnung.	Heute bin ich einfach nur dankbar und glücklich und nehme all das Gute in mir wahr!
Heute bin ich motiviert und freue mich auf all das Gute und Schöne, was der Tag mir bieten wird.	Ich überrasche oder unterstütze heute jemanden von Herzen gerne.	Ich erkenne heute meine Stärken und bedanke mich von Herzen dafür.
Ich notiere mir heute auf einer A4-Seite alles, wofür ich von Herzen dankbar bin. *Nimm gerne Dein Lieblingsöl hinzu.*	Ich öffne mich für Wohlstand und Überfluss. *Nimm gerne das ätherische Öl der Wildorange zu dieser Affirmation hinzu.*	Ich bin einzigartig und wundervoll. *Dazu könnte ein Blütenöl oder die Bergamotte passen.*
Ich bin dankbar für meinen Körper – er leistet täglich unglaublich viel für mich! *Dazu könnte Grapefruit oder Bergamotte gut passen.*	Heute lasse ich mein Herz aufblühen und mache etwas Verrücktes … *Pfefferminze könnte Dein Begleiter sein.*	Heute gehe ich auf Menschen zu und lerne Neues kennen. *Majoran könnte Dich bei diesem Vorhaben wertvoll unterstützen.*
Ich bin liebenswert ❤ *Zur Unterstützung dieser Affirmation könntest Du Geranium oder Rose über dem Herzen auftragen.*	Ich bin im Fluss und habe Vertrauen in das Leben. *Zypresse ist das Öl der Bewegung und des Flusses.*	Ich bin heute konzentriert und lege den Fokus auf die aktuellen Tätigkeiten. *Zitrone und/oder Vetiver könnten Deine Begleiter sein.*

Ich gönne mir heute eine Wellness-Einheit in meinem Zuhause. *Denke an entspannende ätherische Öle und ein Bad mit Kerzenschein und Deiner Lieblingsmusik …*	Bin ich aktuell im Mangeldenken? Wo gibt es noch Handlungsbedarf, sodass ich mehr Energie und Freude leben kann?	Heute bleibe ich bei mir und erkenne meine Bedürfnisse. Ich bin bereit, meine Einzigartigkeit zu leben. *Koriander – das Öl der Loyalität.*
Ich nehme mir heute Zeit für meine Wünsche und Träume. *Muskatellersalbei – das Öl der Klarheit und Vision.*	Auf geht's zu neuen Ufern, ich bin voller Energie und bereit für mein neues Leben. *Zitronengras – das Öl der Reinigung.*	Ich glaube an mich und meine Fähigkeiten und starte kraftvoll in den Tag. *Nimm Dein aktuelles Lieblingsöl.*
Ich bleibe heute gelassen. *Erdende und ausgleichende ätherische Öle könnten Dich heute begleiten.*	Ich bleibe im Vertrauen. *Atemwegsmischung.*	Was kann mich heute glücklich machen? Gönn es Dir …
Denke daran: Wo Dein Fokus ist, da ist Deine Energie … *Speichere Dir diese Erinnerung gerne aufs Handy* ☺	Wem möchtest Du heute von ganzem Herzen DANKE sagen? *Tu es – jetzt – oder hinterlasse dieser Person eine Nachricht …*	Ich lasse mein Licht strahlen und mein Umfeld daran teilhaben. *Olibanum – das Öl des Lichts.*
Ich übernehme die Verantwortung für mein Leben und glaube an meine Talente und meinen Erfolg. *Ingwer – das Öl der Selbstermächtigung.*	Ich schaue mir heute die Quellenangaben und Empfehlungen aus diesem Buch an und lasse mich inspirieren.	Ich bin stolz auf mich! *Herzliche Gratulation – Du hast schon so viel erreicht! Du bist großartig!*

Ich schalte einen Gang zurück und unterbreche sich wiederholende Gedanken und Handlungen, die mir nicht dienen. *Lavendel könnte Dein Begleiter sein.*	Ich bin glücklich und dankbar für mein wunderbares Leben. *Wildorange geht immer …*	Ich bin einzigartig! ☺ *Kassia – das Öl der Selbstsicherheit.*
Ich ergänze heute einen lang gehegten Traum auf meinem Visionsboard. *Litsea – das Öl der Manifestation.*	Ich habe Vertrauen in mich und das Leben. *Cilantro, Coriandrum sativum – Gib die Kontrolle ab*	Ich erkenne und setze meine Grenzen. *Melaleuca – das Öl der energetischen Abgrenzung.*
Ich beobachte heute meine Gedanken und bin präsent. *Das Zitronenöl kann Dich dabei unterstützen, Deinen Fokus zu halten*	Notiere Dir 10 Dinge, für die Du aus tiefstem Herzen dankbar bist ❤ *Nardostachys jatamansi – das Öl der Dankbarkeit.*	Ich lasse alle Erwartungen los und bleibe im Fluss meines Lebens! *Zypresse – das Öl der Bewegung und des Flusses.*

Ich hoffe, dass Du mit dieser für Dich vielleicht ungewöhnlichen Routine ein paar heitere Momente hast und Du Dir selbst ein Lächeln ins Gesicht zaubern kannst, wenn Du von Deinem Handy an die Nachricht des Tages erinnert wirst.

Also – freue Dich morgens, wenn Du Deine Nachricht aus dem Gefäß ziehst und versuche zumindest genau diesen Moment zu genießen … und Dir dann bestenfalls im Laufe des Tages während ein paar freier Minuten die Zeit zu nehmen, über die Tagesnachricht nachzudenken, oder sie umzusetzen.

Kurze Erinnerung: Wenn Dir die freien Minuten fehlen – reduziere Deinen Medienkonsum.

Die Idee mit diesen Erinnerungen oder Affirmationen auf Papier stammt aus einer Übung, die ich auch in einem Workshop machen durfte ... Damals waren die Kärtchen mit Worten wie „Ich bin wertvoll", „Ich bin glücklich", „Ich bin großartig" etc. beschriftet ... Ich fand diese Übung natürlich gar nicht passend, weil ich krank und kraftlos war.

Deshalb habe ich sie einfach in die Morgenroutine integriert, damit ich es gemäß dem Aufgabenplan erledigt habe ... Irgendwann kam der Tag, an dem ich mich plötzlich über die gezogenen Botschaften gefreut habe. Ich habe begonnen, mich mit dem Gedanken anzufreunden, dass ich wohl wirklich für gewisse Menschen wertvoll sein könnte. Oder dass ich tatsächlich glücklich aufgestanden bin, und mich diese gezogene Notiz einfach daran erinnern möchte ...

Ich habe das Ganze dann als Spiel betrachtet und mich wirklich gefreut, mich morgens dieser „Aufgabe" zu stellen und mich auch tagsüber wieder an die Worte zu erinnern. Mein Selbstvertrauen wurde gestärkt, die Achtsamkeit gefördert und ich konnte mich später mit der ergänzenden Anwendung eines ätherischen Öls noch mehr unterstützen.

Wenn Du nun auch solche Gedanken hast wie ich, und es Dir gar nicht zusagt, morgens aus einem Gefäß diese geschriebenen Botschaften zu ziehen, dann empfehle ich Dir, ganz einfach eine der Seiten aus diesem Buch aufzuschlagen und zu schauen, welchen Tag Du gerade getroffen hast ... Ruf Dir genau diesen Tag in Erinnerung und versuche, an diese neue Möglichkeit zu denken und sie in Deinen Alltag zu integrieren.

Es ist zu Beginn, oder während emotionaler Turbulenzen, nicht immer ganz einfach. Ich wünsche mir für Dich, dass Du immer und immer wieder an den neuen Gewohnheiten festhalten kannst, damit Dein Gehirn neue Verknüpfungen erstellen kann und Du schon bald ein Leben in Freude und Leichtigkeit führen wirst.

Sei mutig, geduldig und erkenne die kleinen Schritte und Veränderungen!

Und wenn Du dieses Buch nun einfach gelesen hast und nicht ins Handeln gekommen bist, kann sich selbstverständlich auch nichts verändern.

Ich besitze viele Bücher ... Ein paar wenige habe ich überall in unserem Zuhause verteilt. Zwei davon liegen im Bad. Sehr gerne schlage ich einfach eines dieser Bücher auf und bin gespannt, was mir gezeigt wird. Die aufgeschlagenen Seiten passen in der Regel auch ganz genau zu den Themen, mit denen ich mich beschäftige. Wie war das noch mal mit der Magie ...?

Wenn ich also einfach so zu einem Buch greife, ist es mir wichtig, dass ich mir kurz die Zeit nehme und mich mit den gelesenen Zeilen und mir auseinandersetze. Dass ich hinschaue, bei Bedarf zusätzliche Dankbarkeitsübungen praktiziere, achtsamer durch den Alltag gehe, oder das vor mich hingeschobene neue Ziel endlich festhalte und die ersten Schritte mache.

Es führt kein Weg an der Angst, Disziplin und am Durchhaltevermögen vorbei, wenn Du Dir eine nachhaltige Veränderung wünschst.

Welchen ersten Schritt hin zu Deiner geplanten Veränderung möchtest Du als Erstes gehen?

Lass Dich weiter inspirieren — Quellenangaben

Wir sind kurz vor meinen letzten persönlichen Zeilen und ich möchte Dich einladen, Deine neuen Denk- und Handlungsweisen beizubehalten und Dich bei Bedarf weiter inspirieren zu lassen.

Es gibt so viele Menschen, die ihre Erfahrungen und ihr Wissen mit der Welt teilen. Deshalb liste ich Dir nachfolgend ein Quellenverzeichnis in Form von Büchern und deren Autoren und Autorinnen auf, die sehr viel dazu beigetragen haben, dass ich wieder in meine Kraft gekommen bin. Bücher, die mich motiviert und mir Antworten gegeben und mich dabei unterstützt haben, immer an mich zu glauben. Sie haben mich gelehrt, meine gesundheitliche Situation anzunehmen und entsprechend zu handeln.

Zum Schluss sind die Inhalte der Bücher, Beiträge und Workshops dieser wunderbaren Menschen auch Teil meiner neuen Denk- und Handlungsweisen geworden.

„Glück ist das Einzige, das sich verdoppelt, wenn man es teilt."
Albert Schweitzer

Nachfolgende Aufzählung in absteigender alphabetischer Reihenfolge entspricht nicht der Abfolge, in der ich die Bücher gelesen habe. Die ersten Bücher rund um die Möglichkeiten der Heilung und Persönlichkeitsentwicklung waren von Pascal

Voggenhuber und Rhonda Byrne aus den Vereinigten Staaten, deren erstes Buch auch verfilmt wurde. Dieses kleine braune Buch war der Beginn meiner Reise zurück zu mir. Ich wurde gefesselt von den Möglichkeiten der Heilung und der Kraft, die in jedem von uns stecken.

- Voggenhuber, Pascal: *Enjoy this Life*[5]*,* Berlin: Ullstein Buchverlage GmbH 2018
- Voggenhuber, Pascal: *Zünde Dein inneres Licht an*, 5. Auflage Altendorf: Giger Verlag GmbH 2015
- Schubert, Christian mit Amberger, Madeleine: *Was uns krank macht – Was uns heilt*: *Aufbruch in eine neue Medizin,* Munderfing: Verlag Fischer & Gann 2016
- Seiler, Laura Malina: *Schön, dass es Dich gibt*, Reinbeck bei Hamburg: Rowohlt Verlag GmbH 2018
- Seiler, Laura Malina: *Mögest Du glücklich sein*, München: Komplett Media GmbH 2017
- Pedrazzoli, Patric: *Das Wunder der Heilung*, 2. Auflage Altendorf: Giger Verlag GmbH 2017
- Byrne, Rhonda: *The Secret*, München: Arkana 2007
- Byrne, Rhonda: *The Power*, München: Knaur Verlag 2010
- Beck, Tobias: *Unbox your Life*, Offenbach: GABAL Verlag 2018
- Beck, Tobias: *Unbox your Relationship*, Offenbach: GABAL Verlag 2019

Selbstverständlich besitze ich noch viele weitere für mich wertvolle Bücher, die, wie Du weißt, im ganzen Haus verteilt und seit Neuestem teilweise auch in einem neuen großen Bücherregal stets griffbereit sind.

---

5 „Enjoy this Life" kam auf den Markt, nachdem ich zwei Jahre Teil der gleichnamigen „Enjoy this Life"-Community von Pascal Voggenhuber war und erstmals in die „Welt der Persönlichkeitsentwicklung und Selbstheilung" eintauchen durfte.

Die oben genannten Werke sind ein paar derjenigen, die ich besonders mag und deren Inhalt mich während meiner Krankheit und Genesungszeit gefesselt und geprägt haben.

So verändern wir uns und ich bin überzeugt, dass immer DAS in unser Leben kommt, was uns auf unserem Weg weiterbringt und gerade zu unserer Situation passt.

Weitere Quellenangaben zu Ausführungen in diesem Arbeitsbuch sind:

- Olio-Konferenz 2018 mit Aromatherapeuten, Heilpraktikern und Ärzten
- Hormonkongresse 2019 und 2021
- Zertifiziertes Fachseminar „Psychotherapeutische Aromapraxis" von und mit Jacqueline Boyce an der Aromaschule der Deutschen Heilpraktikerschule Potsdam

Was ich Dir noch sagen möchte ...

Sei dankbar für jeden Tag.
Lebe in der Gegenwart und genieße Dein Leben
und habe dennoch große Träume.
Habe stets Dein Ziel vor Augen
und erschaffe Dir dadurch motivierende,
freudvolle Emotionen.
Du kannst nicht verändern, was ist und war,
aber Du kannst Deine Reaktion,
sprich Deine Emotionen verändern.
Der Weg ist das Ziel,
auch wenn Du Umwege gehen wirst und
sich das Ziel auf Deinem Weg verändert,
halte Deinen Fokus stets auf die Gegenwart und den Moment,
nimm das Gute und Schöne bei jeder Richtungsänderung wahr.
Führe ein Dankbarkeitstagebuch.

Sei liebevoll mit Dir.
Beachte Deine Bedürfnisse.
Hab Vertrauen, sei mutig und habe Spaß.
Schritt für Schritt in Deinem Tempo.
Teile Dein Glück und Deine Lebensfreude mit der Welt.

Ich danke Dir von ganzem Herzen für Dein Vertrauen und
wünsche Dir alles, was Du brauchst, um ein Leben in Freude
und Leichtigkeit zu genießen!

Yvonne

Danke!

Ein lang gehegter Wunsch geht mit diesem Buch in Erfüllung und ich möchte mich an dieser Stelle von ganzem Herzen bei all den lieben Menschen bedanken, die mich nicht nur während des Schreibens, sondern vor allem auch in meiner Leidens- und Genesungsphase begleitet haben.

Ohne Euch und Eure Unterstützung würde ich nicht hier sitzen und erfüllt von unendlicher Dankbarkeit diese Zeilen schreiben.

Ich werde hier nicht alle namentlich erwähnen können und bin überzeugt, dass Ihr auch so wisst, dass Ihr immer einen Platz in meinem Herzen habt und ich nie vergessen werde, was Ihr und Euer Dasein mir bedeuten.

Mein lieber Ehemann ... Mit Deiner Gelassenheit und Liebe bist Du immer für mich da, wenn ich Dich brauche. Du duldest meine stundenlange Abwesenheit, wenn ich in meinem Zimmer sitze und meine Ideen niederschreibe, oder meiner zweiten Leidenschaft, der Aromatherapie, nachgehe. Du erträgst meine Sprunghaftigkeit und lächelst, wenn ich in Träumen schwelge und mit immer neuen Ideen für Spontanaktionen sorge.

Unsere Jungs mit ihren Familien, die immer ein offenes Ohr haben und mir gemeinsame Zeit mit ihren Liebsten schenken. Momente, in denen ich Kraft tanken und immer wieder unvergessliche Glücksgefühle sammeln darf.

DANKE, Mami – DANKE für Dein SEIN, ich kann gar nicht in Worte fassen, was Du für mich bedeutest. Du bist immer für mich und meine Liebsten zur Stelle. Du bist mir ein besonderes Vorbild! Du meisterst Dein herausforderndes Leben großartig und ich bin unglaublich stolz, Deine Tochter zu sein!

Von ganzem Herzen DANKE an meine Freundin Corinne Schaub, die seit dem ersten Kennenlernen immer für mich da ist, und mir unter anderem mit ihren Geschenken in Form eines Buches und einer Einladung zu einem Vortrag rund um die Aromatherapie den Weg zurück ins Leben gezeigt hat.

Nicht zu vergessen meine damalige Therapeutin, Brigitte S. Weber, die immer an mich und meine Genesung geglaubt hat. Sie hat mich bereits vor Jahren ermutigt, ein Buch zu schreiben und nun ist es so weit! Danke Dir für Deine inspirierende Arbeit, Motivation und Unterstützung während meines Genesungsprozesses.

Dann ist da noch Herr Dr. Wolfgang Sanwald. Was für ein Segen, diesen Mann kennengelernt zu haben. Dank der Recherchen meines Mannes sind wir auf diese Praxis in unserer Nähe gestoßen. Schon nach dem ersten Besuch hatte ich einen Energieschub, den man kaum beschreiben kann. Nach Jahren der erste Arzt, der nicht den Kopf zur Seite neigte und mir stattdessen aufzeigte, warum was zu tun ist, damit ich wieder gesund werden könnte. Herr Sanwald, ich danke Ihnen für Ihre Zeit, für Ihre Geduld und für Ihre Menschlichkeit. Sie waren es unter anderem auch, der mich dabei unterstützt und dazu ermutigt hat, mich auf dem Gebiet der Aromatherapie weiterzubilden.

Ein großes Dankeschön geht auch an alle Autoren, Coaches und Personen des öffentlichen Lebens, die ihr Wissen und ihre Erfahrungen in Form von Büchern, Seminaren, Podcasts und YouTube-Beiträgen für alle Interessierten zugänglich machen. Ihr habt mich vor allem die letzten Jahre auf unterschiedlichste Weisen inspiriert, motiviert und begleitet.

Dass ich mich entschlossen habe, mit meinen Erfahrungen an die Öffentlichkeit zu gehen, habe ich auch meiner damaligen Dozentin, Jacqueline Boyce von der Aromaschule Potsdam, zu verdanken. Ihr Fachseminar, welches ich zu Weiterbildungs- zwecken zur Aromatherapie besucht habe, hat bei mir so viele Ketten gesprengt und mir einen unglaublichen Schub verliehen. Diese Ausbildung und die dazugehörige Fachliteratur haben mir unter anderem bestätigt, dass gewisse „Symptome" aus Erinne- rungswerten und unbewussten Glaubenssätzen bestehen und zum damaligen Zeitpunkt noch zu mir gehörten. Danke Dir, lie- be Jacqueline, für Dein Wirken und Dein Engagement, die Mög- lichkeiten der Aromatherapie in die Welt zu tragen.

Und dass mein Traum vom eigenen Buch nun bei bester Ge- sundheit in Erfüllung gehen konnte, verdanke ich schlussendlich dem novum Verlag. Er hat mir, als absoluter Laie, die Chan- ce gegeben, meine Erfahrungen und Erlebnisse in Form eines Buches zu veröffentlichen.

An dieser Stelle möchte ich mich auch bei der hauseigenen Gra- fikabteilung für die Gestaltung des Covers und Buchrückens be- danken. So wertvoll, dass ich vom Fachwissen und den entspre- chenden Erfahrungswerten profitieren durfte.

Für die Farbtupfer zwischen den Zeilen ist mein Mann kurzfris- tig eingesprungen und hat mich beim Zeichnen wertvoll unter- stützt. DANKE von Herzen, Schatz!

Kurz und bündig: Ihr seid ALLE einzigartig und wundervoll!

Die Autorin

Yvonne Waeber wurde 1969 in Liestal in der
Schweiz geboren. Sie ist seit über 30 Jahren glücklich
verheiratet und Mutter von zwei erwachsenen
Söhnen. Mitten in ihrem Familien- und Berufsalltag
wurde ihre körperliche und emotionale Gesundheit
durch die Diagnose diverser Krankheiten aus dem
Gleichgewicht gebracht und sie musste sich Stück
für Stück zurück ins Leben kämpfen. Als Teil dieser
persönlichen Reise hat sie die Aromatherapie für sich
entdeckt und arbeitet seit 2019 als aromaCOACH,
um anderen Menschen die Vorteile dieser natürlichen
Unterstützungsmöglichkeit gepaart mit einem
positiven Mindset näherzubringen. Ihre größten
Kraftquellen sind ihre Familie und Freunde, ätherische
Öle, ihr Zuhause und die Natur. Ihren allgemeinen
Wissensdurst stillt sie am liebsten mit Büchern,
stundenlanger Recherche oder durch die Teilnahme
an Seminaren und Fachvorträgen.

novum VERLAG FÜR NEUAUTOREN

Der Verlag

*Wer aufhört
besser zu werden,
hat aufgehört
gut zu sein!*

Basierend auf diesem Motto ist es dem novum Verlag
ein Anliegen, neue Manuskripte aufzuspüren, zu veröffentlichen und deren Autoren langfristig zu fördern.
Mittlerweile gilt der 1997 gegründete und mehrfach
prämierte Verlag als Spezialist für Neuautoren in
Deutschland, Österreich und der Schweiz.

**Für jedes neue Manuskript wird innerhalb we-
niger Wochen eine kostenfreie, unverbindliche
Lektorats-Prüfung erstellt.**

Weitere Informationen zum Verlag und
seinen Büchern finden Sie im Internet unter:

w w w . n o v u m v e r l a g . c o m